cognição, discurso e interação

COLEÇÃO
CAMINHOS DA LINGUÍSTICA

cognição, discurso e interação

teun a. van dijk

apresentação e organização de ingedore villaça koch

editora**contexto**

Copyright © 1992 Teun A. van Dijk
Todos os direitos desta edição reservados à
Editora Contexto (Editora Pinsky Ltda.)

Coleção
Caminhos da linguística

Projeto de capa
Jaime Pinsky

Ilustração de capa
Detalhe alterado de desenho de David Mckee

Revisão
Luiz Roberto Malta/Texto & Arte Serviços Editoriais

Dados Internacionais de Catalogação na Publicação (CIP)
(Câmara Brasileira do Livro, SP, Brasil)

Dijk, Teun Adrianus van. 1943–
Cognição, discurso e interação / Teun A. van Dijk; (org. e apresentação de Ingedore V. Koch). – 7. ed., 1ª reimpressão. – São Paulo : Contexto, 2023. – (Caminhos da Linguística).

Bibliografia
ISBN 978-85-7244-014-1

1. Cognição. 2. Interação Social. 3. Personalidade.
4. Psicolinguística. I. Koch, Ingedore Grunfeld Villaça
II. Título. III. Série.

92-0067   CDD-153

Índice para catálogo sistemático:
1. Psicologia cognitiva   153

2023

Editora Contexto
Diretor editorial: *Jaime Pinsky*

Rua Dr. José Elias, 520 – Alto da Lapa
05083-030 – São Paulo – SP
PABX: (11) 3832 5838
contato@editoracontexto.com.br
www.editoracontexto.com.br

Proibida a reprodução total ou parcial.
Os infratores serão processados na forma da lei.

SUMÁRIO

Apresentação 7

1. A Caminho de um Modelo Estratégico de
   Processamento de Discurso 9

2. Análise Semântica do Discurso 36

3. Contexto e Cognição 74

4. Episódios como Unidades de Análise do Discurso 99

5. Estruturas da Notícia na Imprensa 122

6. Modelos na Memória – O Papel das Representações
   da Situação no Processamento do Discurso 158

7. Questões em Análise Funcional do Discurso 182

O Autor no Contexto 206

A editora Contexto agradece às editoras que
publicaram originalmente os artigos desta
antologia e deram permissão para traduzi-los.

APRESENTAÇÃO

A coletânea que ora trazemos a público consta de sete artigos de Teun A. van Dijk, escritos no período de 1976 a 1990.

Para os leitores familiarizados com estudos sobre *texto* e *discurso*, não constitui novidade a enorme importância da obra desse autor. Professor e pesquisador vinculado à Universidade de Amsterdã, onde fundou e dirige a Seção de Estudos do Discurso, é ele, sem sombra de dúvida, um dos nomes mais respeitados mundialmente no campo da teoria e análise do discurso e/ou texto, obrigatoriamente citado na literatura especializada, não apenas por ter sido – como realmente foi – um dos pioneiros da pesquisa nesse campo, mas sobretudo pela qualidade, amplitude e originalidade de seus trabalhos.

Os textos que compõem este volume, selecionados pelo próprio autor, levantam e discutem problemas fundamentais dessa área de pesquisa, entre os quais se podem destacar: as questões ligadas à compreensão, recordação, sumarização e produção de textos, como construção, armazenagem e ativação de conhecimentos na memória; as estratégias de processamento discursivo; os tipos de relações semânticas e pragmáticas responsáveis pela coerência funcional do discurso; os "episódios" enquanto unidades de análise do discurso; a estrutura da notícia na imprensa escrita. A coletânea se encerra com uma antevisão do futuro da área em que se apontam as inúmeras perspectivas de pesquisa interdisciplinar.

Estamos convictos de que, com a divulgação desses trabalhos em português, com apoio da Editora Contexto, trazemos uma contribuição de grande valia para o maior desenvolvimento da pesquisa sobre texto/discurso em nosso país, não só no interior dos quadros da linguística, como também em domínios como a sociologia, a antropologia, a psicologia, a psicologia cognitiva, o direito, a história, o jornalismo, entre outros, em que o discurso tem um papel a desempenhar.

Campinas, 2 de novembro de 1991

Ingedore Grunfeld Villaça Koch

A CAMINHO DE UM MODELO ESTRATÉGICO DE PROCESSAMENTO DE DISCURSO*

O ESTUDO DO DISCURSO

Histórico

Recentemente, diversas disciplinas das ciências humanas e sociais têm demonstrado um interesse crescente no estudo do discurso. No entanto, tal desenvolvimento, que na verdade se iniciou por volta de 1970, não é desprovido de fontes históricas. Há mais de dois mil anos, a poética clássica e a retórica já forneciam modelos estruturais para textos, tais como poesia, drama e discursos jurídicos e políticos (Wellek, 1955; Wimsatt & Brooks, 1957; Lausberg, 1960; Corbett, 1971). A sofisticação conceitual da retórica clássica permaneceu invicta até o desenvolvimento do estruturalismo em linguística, poética e antropologia nos fim dos anos 60, após o exemplo precedente dos chamados Formalistas Russos (Erlich, 1955) e dos Estruturalistas Tchecos, entre as duas grandes guerras (Ihwe, 1972; Culler, 1975). Assim, o trabalho do antropologista russo Vladimir Propp (1928), a respeito das estórias folclóricas russas, fornece-nos um exemplo de abordagem estrutural das narrativas, aceita por mais de trinta anos subsequentes, principalmente na França, por acadêmicos e literatos tais como Lévi-Strauss, Barthes, Bremond, Todorov,

---

* *In* VAN DIJK, T. A.; KINTSCH, W. *Strategies of discourse comprehension*. Nova York, Academic Press, 1983, pp. 1-19, tradução de João de A. Telles.

Greimas e outros, que finalmente emergiu na psicologia através dos trabalhos sobre gramáticas narrativas (Rumelhart, 1975; van Dijk, 1980a). Muitas das noções teóricas permanecem relevantes nos dias de hoje, embora estas várias teorias clássicas e estruturalistas não satisfaçam os atuais padrões metodológicos de explicitude em linguística e psicologia.

LINGUÍSTICA TEXTUAL

Até os anos 70, a linguística moderna americana raramente voltou sua atenção para além dos limites da sentença. O paradigma gerativo transformacional dominante estava centrado nas estruturas fonológicas, morfológicas, sintáticas e, posteriormente, também semânticas das sentenças, as quais eram consideradas independentemente do contexto e do texto, ignorando a primeira chamada de atenção para a análise do discurso por Harris (1952). O interesse pelo estudo linguístico do discurso permanecia restrito às escolas linguísticas menos proeminentes, tais como a tagmêmica (Pike, 1967; Grimes, 1975; Longacre, 1976), que desenvolveu métodos analíticos de discurso, principalmente para trabalhos descritivos de campo sobre línguas indígenas.

A linguística europeia, especialmente na Inglaterra e Alemanha, havia permanecido, de certa maneira, próxima à tradição estruturalista, que tinha menos consideração, em geral, pelos limites da própria linguística e, em particular, pela unidade da sentença (Halliday, 1971; Hartmann, 1964, 1968; Harweg, 1968; Petöfi, 1971; van Dijk, 1972; Dressler, 1972; Schmidt, 1973). Sem dúvida, alguns desses estudos linguísticos sobre o discurso estavam nos limites da gramática, estatística e poética (Leech, 1966; Crystal e Davy, 1969). De início, as propostas e argumentos mais teóricos, baseados no pressuposto de que uma gramática devesse dar conta das estruturas linguísticas sistemáticas de textos em sua totalidade, tornando-se, desta maneira, uma gramática textual, permaneceram, por simples comodidade, no nível programático, ainda por demais próximos ao paradigma gerativista. Entretanto, tanto as gramáticas textuais quanto o estudo linguístico do discurso em geral logo desenvolveram um paradigma mais independente, difundindo-se pela Europa e os Estados Unidos (van Dijk, 1977a; van Dijk & Petöfi, 1977, Dressler, 1978; Sinclair & Coulthard, 1975; Coulthard, 1977 e muitos outros estudos; ver de Beaugrande & Dressler, 1981, e Beaugrande, 1980 para uma investigação e introdução).

De forma mais ou menos paralela a esse desenvolvimento, a linguística americana mostrava uma tendência crescente à análise gramatical dependente do texto e do contexto, após o trabalho tagmêmico precedente, especialmente dentro do assim chamado paradigma funcional (Givón, 1979a).

As Ciências Sociais e a Análise do Discurso

O estudo do discurso tornou-se de certa forma relevante, logo após ter-se reconhecido o fato, também por volta de 1970, de que os estudos linguísticos não deveriam estar restritos à análise gramatical de sistemas linguísticos abstratos ou ideais mas, de preferência, que o uso efetivo da língua deveria ser o objeto empírico das teorias linguísticas. Assim sendo, a sociolinguística não somente se interessou pelo estudo da variação social no uso da língua, como também desenvolveu um interesse crescente pelas várias formas de uso, tais como duelos verbais e narrativas de estórias (Labov, 1972a, 1972b).

Alguns desses trabalhos em sociolinguística se entrelaçam com um desenvolvimento semelhante na antropologia e etnografia, onde análises estruturais anteriores de mitos, lendas, trocadilhos e outras formas de artes verbais abriram caminho para análises mais amplas de eventos comunicativos em várias culturas (Gumperz & Hymes, 1972; Bauman & Sherzer, 1974; Sanchez & Blount, 1975).

Finalmente, essa tendência geral ao estudo da fala espontânea podia também ser notada na microssociologia, onde a atenção etnometodológica prestada à interação cotidiana logo foi também voltada à interação conversacional (Sudnow, 1972; Sacks, Schegloff & Jefferson, 1974; Schenkein, 1978). Na verdade, a análise conversacional tornou-se logo tão popular que foi virtualmente identificada como análise do discurso e tem exercido uma influência considerável na linguística atual (Franck, 1980; Coulthard & Montgomery, 1981).

No presente momento, é difícil estabelecer distinções disciplinares precisas no campo de estudos do discurso, que parece cada vez mais se caracterizar como um campo interdisciplinar independente, no qual métodos e teorias puramente linguísticos ou gramaticais se mesclam àqueles da etnografia, microssociologia e, como veremos, aos da psicologia.

Psicologia e Inteligência Artificial

Seguindo a tendência gerativista transformacional preponderante, tanto a psicologia quanto a psicolinguística hesitaram em reconhecer a importância do discurso no estudo do processamento de linguagem. Os primeiros modelos psicolinguísticos dos anos 60 estiveram restritos à sintaxe e, posteriormente, à semântica de sentenças isoladas (Clark & Clark, 1977; Fodor, Bever & Garrett, 1974).

No início dos anos 70, uma nova ruptura acontece nesse paradigma. O interesse crescente pela memória semântica ocasiona o uso de materiais discursivos e os primeiros passos em direção a um modelo cognitivo de compreensão de discurso (Kintsch, 1972, 1974; Bower, 1974). Ao mesmo tempo, a psicologia educacional percebia que a aprendizagem frequentemente acontece com base em textos, o que contribuiu para o interesse rápido e crescente pela memória para o discurso (Rothkopf, 1972; Meyer, 1975). Dessa forma, testemunhamos, na psicologia, um renascimento geral dos primeiros trabalhos sobre o discurso, dentro da tradição da Gestalt, notadamente os de Bartlett (1932), que casualmente influenciaram psicólogos dos anos 40 (Cofer, 1941; Gomulicki, 1956; Paul, 1959; Slamecka, 1959; Pompi & Lachman, 1967).

Esse renascimento, tanto da compreensão do discurso como também das várias teorias dos esquemas, ocorreu também na área de Inteligência Artificial, na qual o ano de 1972 trouxe uma mudança decisiva de paradigma (Winograd, 1972; Charniak, 1972; Simmons, 1972). A compreensão de linguagem simulada por computador requeria o desenvolvimento de programas para o processamento automático de textos. Por exemplo, a modelagem do conhecimento de mundo necessário à compreensão de estórias era crucial para esse tipo de pesquisa. Assim, o conceito de esquema, de Bartlett, foi novamente adotado de maneira mais explícita através de rótulos tais como "esquema"; "cenário", "frame" e "script", com o objetivo de dar conta do papel das representações de conhecimento de mundo na compreensão do discurso e outras tarefas cognitivas complexas (Schank & Colby, 1973; Minsky, 1975; Bobrow & Collins, 1975, Norman & Rumelhart, 1975; Schank & Abelson, 1977).

Dez anos já se passaram desde que esses primeiros trabalhos em linguística, psicologia e inteligência artificial surgiram. Enquanto as primeiras abordagens se desenvolveram de maneira mais ou menos paralela e autônoma, testemunhamos, no momento, uma integração crescente das várias propostas teóricas. Dentro do novo e abrangente campo das ciências cognitivas, o estudo interdisciplinar do discurso dispõe de numerosas publicações de livros e trabalhos, tendo surgido dois periódicos especializados (*Discourse Processing*, 1978; *Text*, 1981), e ocorrido regularmente conferências ou sessões dentro de conferências maiores. Vêm acontecendo numerosos contatos mútuos entre linguística e psicologia, linguística e microssociologia, e psicologia e etnografia.

Em nossos trabalhos precedentes sobre modelos cognitivos para a compreensão de discurso (Kintsch & van Dijk, 1975, 1978; van Dijk & Kintsch, 1978), fizemos uma tentativa de integração dessas primeiras abordagens ao discurso, baseados principalmente em nosso próprio trabalho nessas áreas. Dessa maneira, desenvolveu-se o modelo geral de memória baseado em trabalhos prévios sobre memória semântica (Kintsch, 1970, 1972), enquanto que as várias categorias textuais, tais como coerência local e global, macroestruturas e superestruturas, foram analisadas de acordo com seus papéis no processamento, em termos do trabalho precedente sobre linguística textual (van Dijk, 1972, 1977a) e sua influência na psicologia (Kintsch, 1974).

O modelo apresentado neste livro deve ser considerado tanto como um prolongamento subsequente de trabalhos anteriores, como um novo caminho no processo de estabelecer modelos cognitivos de processamento de discurso, embora tal modelo de caráter interdisciplinar de compreensão tenha sido constantemente ampliado e melhorado ao longo desses dez últimos anos. Apesar de nosso trabalho anterior poder ser caracterizado como predominantemente *estrutural*, nossa proposta agora consiste em um modelo mais dinâmico, de base processual, "on-line" e com uma abordagem que desejamos chamar *estratégica*.

PRESSUPOSTOS BÁSICOS

Após apresentar alguns aspectos históricos do nosso modelo, faremos agora um breve esboço de seus pressupostos teóricos. Tais pressupostos não só sugerem as principais noções é componentes teóricos do modelo, como também estabelecem as relações necessárias com outros modelos de discurso usados pela linguística e ciências sociais. Na próxima seção deste capítulo, faremos um resumo dos principais componentes do modelo, o qual será tratado nos capítulos seguintes de forma mais teórica e experimental.

Pressupostos Cognitivos

Suponhamos que uma pessoa seja testemunha de um acidente de carro. Presumimos que tal pessoa construa uma representação mental do acidente e que sua compreensão dos acontecimentos observados consista neste processo de construção e em suas reminiscências subsequentes. Suponhamos agora que uma outra pessoa escute uma história sobre o mesmo acidente. Presumimos que o ato de compreender tal história também envolva a construção de uma representação mental dessa mesma história. Logicamente, a própria representação do acidente e a representação da história sobre o acidente não serão idênticas. Na última, teremos uma representação da versão do acidente já codificada pelo locutor (Hormann, 1976). No entanto, uma característica comum a ambos os processos é o fato de tanto a pessoa que testemunha o acidente como a pessoa que escuta a história construírem uma representação na memória com base em informações visuais e linguísticas, respectivamente. Este será o *pressuposto construtivista* de nosso modelo.

A seguir, supomos que tanto a testemunha visual quanto o ouvinte da história do acidente não apenas representam os dados visuais e verbais, tais como o movimento dos objetos ou pessoas (acontecimentos) e os sons expressos oralmente quando à história é contada, mas também, ou, de preferência, deem uma interpretação dos acontecimentos e do enunciado (Loftus, 1979). Em ambos os casos eles constroem significados: os acontecimentos são interpretados como "um acidente" e o enunciado narrativo é interpretado como uma história sobre um acidente. Chamaremos a isso de *pressuposto interpretativo* do modelo. Na verdade, estaremos quase que exclusivamente lidando com o aspecto semântico de discurso.

Presumiremos, ainda, que a construção de uma representação do acidente ou da história do acidente e, em particular, do significado da informação ocorram mais ou menos simultaneamente ao processamento dessa mesma *informação*. Em outras palavras, pressupomos que a testemunha e o ouvinte do nosso exemplo não processem e armazenem todas as informações dos respectivos acontecimentos e só então tentem atribuir significado a elas. Isso significa que a compreensão ocorre simultaneamente ("on-line") ao processamento de informações, de forma gradual e não subsequentemente. Usando a metáfora do computador, chamaremos tal pressuposição de *pressuposição on-line* de processamento de discurso (Marslen-Wilson & Tyler, 1980).

As pessoas que compreendem acontecimentos reais ou eventos discursivos são capazes de construir uma representação mental, principalmente uma representação mental significativa, somente se tiverem um conhecimento mais geral a respeito de tais acontecimentos. Para interpretar alguns desses acontecimentos, tais como um acidente, elas devem saber alguma coisa a respeito de acontecimentos e ações comuns ao trânsito no qual estão envolvidos carros e motoristas e, para estórias, elas devem dispor de um conhecimento mais geral de estórias e a relação entre essas e os acontecimentos nelas contidos. De forma semelhante, duas pessoas podem interpretar os acontecimentos à luz de suas experiências prévias com acontecimentos semelhantes, experiências essas que podem conduzi-las a um conhecimento mais geral a respeito de tais acontecimentos. Além desse conhecimento, o ouvinte e a testemunha podem ter outras informações cognitivas, tais como crenças, opiniões ou atitudes em relação a tais acontecimentos em geral ou, ainda, motivações, objetivos ou tarefas específicas no processamento de tais acontecimentos. Assim, de forma mais geral, pressupomos que compreender envolve não somente o processamento e interpretação de informações exteriores, mas também a ativação e uso de informações internas e cognitivas. Já que tais informações podem ser consideradas pressuposições cognitivas do processo de construção, chamaremos essa pressuposição de *conjetura pressuposicional* do modelo.

Mais adiante, veremos com mais detalhes que desastres automobilísticos e estórias não serão simplesmente consideradas e compreendidas *in vacuo*, mas como partes de situações ou contextos sociais mais complexos. Consequentemente, compreendê-las implica também o fato de a pessoa usar e construir informações a respeito das relações entre os acontecimentos e as situações em que eles ocorrem. Isso significa que o compreendedor terá agora três tipos de informações, que são informações sobre os próprios acontecimentos, informações da situação ou contexto e informações das pressuposições cognitivas. Estas informações podem ser combinadas de maneira efetiva, de tal modo que uma representação mental do acontecimento é construída o mais rápido possível e tão bem (no sentido de significativamente, de maneira útil, etc.) quanto possível.

Isso pode significar, por exemplo, que o observador do acidente até construa significados derivados de suas informações pressupostas para as quais não existam informações externas, sendo que o mesmo acontece com o ouvinte da estória: pode ser que ele tenha suas próprias expectativas sobre o que é contado antes mesmo de ouvi-lo, e pode ser que isso facilite o processo de compreensão no momento em que ele realmente receba a informação externa relevante. A cada momento, não existe ordem fixa entre a informação que entra e sua interpretação: interpretações podem ser construídas e somente mais tarde comparadas com a informação que entra. Podemos notar que as pessoas têm a habilidade de usar informações de diversos tipos, de forma flexível, que as informações podem ser processadas em diversas e possíveis ordens, que a informação que é processada pode estar incompleta e que o objetivo geral do processo na construção da representação mental é ser o mais eficaz possível. Este será o *pressuposto estratégico* de nosso modelo. Enquanto outros pressupostos têm recebido a devida atenção em modelos de processamento de discurso anteriores, esse pressuposto estratégico será o foco de nossa atenção neste livro. Veremos que ele está intrinsecamente ligado a outros pressupostos, principalmente ao pressuposto *on-line* sobre processamento de informações complexas de acontecimentos e discursos.

Podemos agora concluir que as maiores dimensões deste nosso modelo estão baseadas no pressuposto de que o processamento de discurso, como outros processos complexos de informação, é um processo estratégico no qual uma representação mental na memória é construída a partir do discurso, usando informações externas e internas, com o objetivo de interpretar (entender) o discurso. Logicamente, esses pressupostos muito gerais possuem muitos corolários e implicações. Assim sendo, o pressuposto construtivista tem um importante corolário, que é o fato de que a construção gradual e *on-line* é possível somente com base em uma análise estrutural e um processo de síntese, nos quais unidades de significado podem ser percebidas em vários níveis, tanto quanto as maneiras pelas quais tais unidades possam ser combinadas em unidades mais complexas. Estes, assim como outros corolários e implicações de nossos pressupostos, serão discutidos nos capítulos pertinentes deste livro.

Pressupostos Contextuais

Já sugerimos que discursos enquanto estórias não ocorrem *in vacuo*. Eles são produzidos e recebidos por falantes e ouvintes em situações específicas, dentro de um contexto sociocultural mais amplo. Assim, o processamento de discurso não se constitui em mero evento cognitivo. É claro que isso é óbvio. Entretanto, partiremos primeiramente do pressuposto de que, aqui, as dimensões sociais do discurso interagem com as dimensões cognitivas. Em outras palavras, o modelo cognitivo deverá dar conta do fato de que o discurso, e consequentemente o processo de compreensão do discurso, são processos funcionais dentro do contexto social. Chamaremos a isso de *pressuposto da funcionalidade* (*social*). A primeira implicação cognitiva deste pressuposto é que os usuários da língua constroem uma representação não só do texto, mas também do contexto social, e que ambas representações interagem.

Colocando de forma mais específica: presumimos que uma estória acerca de um acidente é contada e compreendida dentro de um processo de comunicação, no qual um ouvinte recebe informação de um falante, neste caso, sobre um acidente (e sobre a maneira como este falante o codificou em sua memória). Tal pressuposto comunicativo pode significar, entre outras instâncias, que o ouvinte não só tenta construir sua própria representação da estória, como também combina esta interpretação com a representação dos pressupostos sobre o que o falante queria que o ouvinte entendesse.

Já que intenções estão envolvidas no discurso, estamos lidando não só com objetos linguísticos como também com os resultados provenientes de algum tipo de ação social. Assim sendo, ao contar uma estória, um falante se empenha em um ato social, em um ato de fala, um ato de afirmar algo ou prevenir o ouvinte com respeito a alguma coisa. A forma e a interpretação da estória podem ser uma função desta função de ato de fala pretendida pelo ato de enunciação. Chamaremos a isto de *pressuposto pragmático* de um modelo de processamento de discurso. A implicação cognitiva de tal pressuposto é que, por exemplo, uma pessoa que interpreta uma estória também constr1ua uma representação dos possíveis atos de fala envolvidos, atribuindo uma função específica ou categoria de ação ao enunciado do discurso e, consequentemente, ao falante. Neste caso, o ouvinte avaliará o discurso em relação a um certo número de pontos que dizem respeito às funções pragmáticas pretendidas: esta estória pode ser pragmaticamente apropriada enquanto ato de fala, somente se algumas condições contextuais combinarem com algumas propriedades textuais.

Além disso, deve ser pressuposto que a interpretação de um discurso, enquanto ato de fala (ou uma série de atos de fala) está embutida dentro de uma interpretação de todo o processo de interação entre os participantes da conversa. Tanto o locutor quanto o ouvinte terão motivações, propósitos ou intenções ao entrarem em uma interação verbal e o mesmo se aplica para as ações subsequentes com as quais as ações verbais estão relacionadas dentro da mesma situação. Assim visto, o pressuposto pragmático deveria ser generalizado como um *pressuposto interacionista*. Repetindo, isso significa que estamos considerando o fato de que os usuários de uma língua constroem uma representação cognitiva da interação verbal e não verbal que ocorrem na situação. Isso implica, por exemplo, que a representação do discurso na memória dependerá dos pressupostos do ouvinte sobre os propósitos (objetivos) e outras motivações subjacentes do locutor, assim como os objetivos e motivações do próprio ouvinte ao ouvir a estória.

Finalmente, como já sugerimos anteriormente, a interação na qual o processamento de discurso está incluso é, por si só, parte de uma situação social. Os participantes da conversa podem ter certas funções ou papéis; pode haver diferenças de local ou contexto, além de poder haver regras específicas, convenções ou estratégias que determinem as possíveis interações em tal situação. Não se pode dizer qualquer coisa que nos venha à cabeça em qualquer situação. Possíveis ações, e, consequentemente, possíveis objetivos, e, consequentemente, possíveis discursos, são restringidos pelas várias dimensões das situações. A estória sobre o acidente pode ser contada em um bar, em casa a um amigo, ou talvez a um estranho, em um ônibus, mas não seria um ato de fala permitido durante um exame. Entretanto, para se compreender uma estória é necessário ligar sua função pragmática aos delimitadores interacionais gerais, que são determinados ou que determinam a situação social e isso é possível somente se, novamente, especificarmos como a situação social é cognitivamente representada em nosso modelo. Em termos mais concretos: a interpretação do sentido e as funções da estória sobre o acidente, quando contadas para nossos amigos em contextos informais, serão diferentes daquelas contadas por uma testemunha em um fórum durante um julgamento. Assim sendo, certamente teremos que levar em conta um pressuposto *situacional* sobre o processamento de discurso. Isso pode incluir, enquanto pressupostos, normas gerais e valores, atitudes, assim como convenções sobre os participantes e as interações em uma determinada situação.

Certamente que estas várias pressuposições contextuais sobre processamento de discurso podem ser formuladas de maneira independente, dentro de modelos sociológicos de uso da língua. Além disso, nossa pressuposição funcional geral sugere que estes diversos tipos de informação contextual também estejam envolvidos no processo de compreensão e que as representações são construídas a partir do ato de fala, das interações comunicativas e de toda a situação, e que estas representações irão também interagir com a própria compreensão do discurso. A compreensão, portanto, não se constitui em uma simples construção passiva de uma representação do objeto verbal, mas parte de um processo interacional no qual o ouvinte ativamente interpreta as ações do locutor.

Nossa tarefa principal não será investigar a natureza das representações e dos processos de interpretação de tais informações contextuais, mas nós os levaremos em consideração ao formular os processos de compreensão de discurso.

Limitações

É impossível investigar os detalhes de todas as pressuposições colocadas acima. Assim sendo, baseados nas pressuposições mais gerais que definem as bases do modelo, especificaremos somente alguns de seus componentes. Muito embora apresentemos algumas ideias gerais sobre as maneiras como esses vários componentes do modelo interagem, partiremos do pressuposto de que eles possam ser definidos de forma mais ou menos independente

(Simon, 1969). As três maiores limitações de nosso modelo são, portanto, as seguintes:

1. *"Parsing" linguístico*: não modelaremos de forma completa os processos através dos quais o "input" linguístico é analisado (ou sintetizado) e semanticamente interpretado; na sua maior parte, o modelo está limitado aos processos de informação semântica.

2. *Representação de conhecimento e uso*: não delinearemos de forma completa a base de conhecimento – ou outras informações cognitivas, tais como crenças ou opiniões, tarefas e objetivos – os quais fornecem as informações necessárias para as várias operações semânticas de compreensão do discurso; o conhecimento especifica-do será "ad hoc" e intuitivo, e enfocaremos somente alguns aspectos dos processos de uso e conhecimento.

3. Ignoraremos também a representação sistemática das *informações contextuais* no processamento de discurso, tais como atos de fala relevantes, interação e situação; novamente, estas informações serão fornecidas "ad hoc", quando necessárias na formulação dos processos semânticos.

Já que formulamos hipóteses mais ou menos gerais a respeito das relações entre nosso componente semântico e outros componentes, e porque, em certos pontos, especificamos em detalhes como os componentes interagem, esperamos que a formulação dos princípios do modelo semântico seja suficientemente delimitada pelas implicações de outros componentes.

Além de não estar teoricamente completo, o modelo tem ainda limitações empíricas. Até o momento estivemos tratando do processamento de discurso de forma genérica, usando o exemplo de compreensão de estórias. O processamento de discurso, no entanto, envolve a participação na conversação, leitura rápida do jornal, a realização de uma conferência, leitura de um livro-texto, ou a preparação de um boletim de ocorrência policial. Desta maneira, presumimos, de forma provisória, que os princípios de processamento de discurso podem ser formulados em um nível que abarca esses vários *tipos de discurso*. Logicamente, cada tipo de discurso envolverá diferenças cognitivas e linguísticas, mas consideraremos apenas esporadicamente tais diferenças.

Não obstante, os *usuários da língua* envolvidos podem ser muito diferentes. Podem dispor de conhecimento, crenças e opiniões diferentes, ter diferentes papéis sociais, podem ser crianças ou adultos, do sexo masculino ou feminino, podem ter diferentes níveis de escolaridade e daí por diante. Novamente, faremos abstração dessas diferenças e tentaremos fornecer uma estrutura dentro da qual elas poderão ser facilmente colocadas.

Finalmente, existem também diferentes tipos, estilos ou *modos de compreensão*. Já apresentamos a possibilidade de uma leitura rápida de uma estória no jornal. Por outro lado, poderemos também estudar ativamente, ou até decorar, alguma parte de um livro-texto, poderemos ler um texto prestando muita ou pouca atenção, poderemos ser ou não distraídos por outras informações contextuais, e assim por diante. Também faremos abstração dessas diferenças e agiremos como se o usuário da língua processasse toda informação, construísse uma representação completa e parasse a construção da representação tão logo um certo número de condições fossem satisfeitas, por exemplo, aquelas de coerência local e global (macroestrutural). No entanto, nossa abordagem estratégica formalmente garantiria a possibilidade de os usuários da língua realmente processarem informações de maneira incompleta e incorreta, mas, mesmo assim, sentirem que compreendem o texto. De forma semelhante, limitamos o modelo a uma explicação da compreensão semântica apropriada. Já acentuamos que a compreensão dos aspectos pragmáticos ou interacionais do discurso não será delineada de forma completa, mas isso também implica ignorar outros relacionamentos pessoais ou experiências do ouvinte, assim como sua compreensão social ou ideológica do discurso ou a compreensão da pessoa que produz o discurso, o que implicaria a atribuição de várias estruturas de motivação e personalidade.

Não existe um processo de compreensão único, mas processos de compreensão que variam de acordo com diferentes situações, de diferentes usuários da língua, de diferentes tipos de discurso. Assumiremos, então, a ideia de que nosso modelo seja suficientemente geral e flexível para permitir posteriores especificações dessas várias diferenças. No que se segue, não apresentaremos desculpas pelas lacunas teóricas ou empíricas ou pelas limitações desse nosso modelo todas as vezes que elas forem necessárias. Nem mesmo queremos enfatizar a cada momento que o processo de compreensão que buscamos modelar seja um tanto idealista. As limitações aqui apresentadas deverão ser consideradas como condições delimitadoras para o modelo que será apresentado.

UMA VISÃO GERAL DO MODELO

Propriedades Gerais

Muitos modelos linguísticos e de uso de língua, tanto na linguística quanto na psicologia, consideram objetos linguísticos em termos dos *níveis* morfofonológico, sintático, semântico e pragmático. Embora tal descrição de nível por nível seja relevante em uma análise mais abstrata, o mesmo não ocorre do ponto de vista de modelos processadores. Um dos principais pressupostos tem sido aquele de que, em um modelo cognitivo de compreensão e produção de discurso, as informações provindas desses vários níveis interagem de forma complexa. Assim, a interpretação semântica não segue simplesmente uma análise sintática completa, mas já pode ocorrer com uma informação incompleta da estrutura de superfície, enquanto que a análise sintática subsequente pode usar as informações dos níveis semântico e pragmático. Embora venhamos a fazer uso de diferentes tipos de informações, tais como unidades sintáticas ou unidades semânticas, nosso modelo opera em fatias mais complexas. Assim sendo, analisaremos o processamento do discurso partindo das unidades de palavras, no nível inferior, para as unidades de temas gerais ou macroestruturas. Diversos tipos de informações podem ser usados para a compreensão e integração dessas diferentes unidades. Dessa maneira, podemos usar palavras, talvez palavras temáticas, para construir as macroestruturas; e podemos, ainda, usar macroestruturas na compreensão de palavras.

Nosso modelo não se baseia em níveis, mas em *complexidade*. Partimos da compreensão de palavras para a compreensão de orações nas quais essas palavras têm várias funções, e daí para sentenças complexas, sequências de sentenças e estruturas textuais gerais. Mesmo assim, existe uma realimentação contínua entre unidades menos complexas e unidades mais complexas. A compreensão de uma palavra em uma oração dependerá de sua estrutura funcional enquanto um todo, tanto no nível sintático quanto no nível semântico. Isso significa que, ao invés de operarmos com um modelo estrutural convencional de processamento, operamos com um modelo *estratégico*.

A noção de estratégia de compreensão foi introduzida em 1970 por Bever, no contexto do processamento de sentença. Desde então, outros pesquisadores têm aplicado a noção, mas sem dar-lhe o papel central que desejamos reservar-lhe nesse nosso modelo. As noções precedentes de estratégia estiveram frequentemente restritas a níveis específicos, tais como a análise sintática. Desejamos, primeiramente, estender essa noção do nível da sentença para o nível do discurso. A seguir, desejamos usá-la para processamento, através de diversos níveis da informação do discurso, tanto para informações textuais como contextuais, e para informações externas e internas.

Processos estratégicos se contrastam com processos baseados em regras ou algoritmos. Um exemplo deste último é a gramática gerativa, que produz uma descrição estrutural da sentença através de regras de análise sintática. Esse processo pode ser complexo, longo e tedioso, mas garante o sucesso, enquanto as regras estiverem corretas e forem aplicadas de maneira certa. Em um processo estratégico, não existe tal garantia de sucesso nem uma representação única do texto. As estratégias aplicadas são como hipóteses operacionais eficazes sobre a estrutura e significado corretos de um fragmento de texto e podem ser desconfirmadas em processamentos subsequentes. A análise estratégica depende não somente das características textuais, como também das características do usuário da língua, tais como seus objetivos ou conhecimento de mundo. Isso pode significar que o leitor de um texto tentará reconstruir não somente o significado intencionado do texto – como sinalizado de diversas formas pelo autor, no texto e contexto – como também um significado que diga mais respeito aos seus interesses e objetivos.

As estratégias são parte de nosso conhecimento geral; elas representam o conhecimento procedural que possuímos sobre compreensão de discurso. Elas se constituem em um conjunto aberto. Necessitam ser aprendidas e reaprendidas antes de se tornarem automatizadas. Novos tipos de discurso e formas de comunicação podem requerer o desenvolvimento de novas estratégias. Enquanto algumas estratégias, tais como compreensão de palavra e orações, são adquiridas relativamente com pouca idade, outras, tais como inferência do tema, são adquiridas um pouco mais tarde. Outras estratégias, tais como estratégias esquemáticas de compreensão da estrutura de artigos psicológicos somente podem ser adquiridas mediante treinamento especial.

Formalmente, estratégias podem ser apresentadas como produções (Newell, 1973). Se certas condições devem ser satisfeitas, uma certa ação deve ser iniciada. Tais condições frequentemente envolverão uma combinação de informações de diversas fontes.

A estratégia geral, que será decomposta em uma série de estratégias mais específicas, tem como objetivo a construção de uma *base textual*. Tal base textual se constitui na representação semântica do discurso ingressante na memória episódica. Esta estratégia geral de construção de uma base textual se torna eficaz para o usuário da língua quando esta mesma base textual satisfizer um número mínimo de critérios, tais como aqueles de coerência local e global. O que acontece é que duas principais subestratégias consistem no estabelecimento desse tipo de coerência local e global.

Bases textuais serão definidas em termos de *proposições* e relações entre proposições. Embora existam outras maneiras formalmente equivalentes de representar significado, seguiremos esse conhecido formato de representação provindo da linguística e da filosofia. No entanto, seguindo propostas funcionalistas da linguística (Fillmore, 1968; Dik, 1978, 1980; Givón, 1979b), atribuiremos mais estrutura às proposições do que comumente tem acontecido na lógica.

Uma principal característica de nosso modelo é a pressuposição de que compreensão de discurso envolve não somente a representação de uma base textual na memória, mas também, ao mesmo tempo, a ativação, atualização e outros usos do chamado *modelo situacional* na memória episódica; isto é, a representação cognitiva dos acontecimentos, ações, pessoas e, de forma geral, a situação sobre a qual o texto se baseia. Insistimos, mais uma vez, que existem precedentes históricos para tal noção (p. ex., Johnson-Laird, 1980).

Um modelo de situação pode incorporar experiências prévias e, consequentemente, também bases textuais com as mesmas ou semelhantes situações. Ao mesmo tempo, o modelo pode incorporar instanciações de conhecimento mais geral da memória semântica sobre tais situações.

Compreende-se que essa representação é continuamente combinada com o que já sabemos sobre situações semelhantes, isto é, com o modelo episódico. Esse processo é importante, já que ele nos permite limitar a base textual às informações expressas ou implicadas pelo próprio texto, sem ter que introjetar dentro dele grandes quantidades de conhecimento. Será pressuposto que esse conhecimento episódico e semântico está integrado dentro do modelo situacional mais completo com o qual a base textual é continuamente comparada. Isto significa que a compreensão está restrita a uma avaliação da base textual, não somente com respeito à coerência local e global, mas também com respeito a seu modelo situacional correspondente. Dessa maneira, sabemos não somente o que o texto significa conceitualmente, mas também do que se trata de forma referencial. Por outras palavras, estamos introduzindo na psicologia cognitiva a conhecida distinção da filosofia entre semântica *intencional* (significado) e semântica *extensional* (referencial). Uma vantagem lógica da presença de modelos situacionais é a possibilidade de o usuário da língua atribuir tais noções fundamentais, enquanto verdade e falsidade do discurso.

Outra propriedade do modelo é seu *sistema de controle* geral. Para o processamento de cada discurso, esse sistema de controle é alimentado pelas informações gerais específicas sobre o tipo de situação, tipo de discurso, objetivos gerais (do leitor/ouvinte e do autor/locutor), pela superestrutura esquemática e pela macroestrutura (enredo/temas) do texto, ou por planos, no caso de produção. Esse sistema de controle supervisionará o processamento na memória a curto prazo, ativará e atualizará o conhecimento episódico necessário, assim como o semântico mais geral, fornecerá as informações superiores dentro das quais as informações inferiores devem ser ajustadas, coordenará as diversas estratégias, decidirá qual informação proveniente da memória de curto prazo deverá ser transferida para a memória episódica, ativará os modelos situacionais relevantes na memória episódica, realizará buscas eficazes de informações relevantes na memória a longo prazo, e assim por diante.

O sistema de controle garante que todas as estratégias estejam direcionadas à produção de informações, tais como representações semânticas (mas também pragmáticas e outras representações interacionais e contextuais), e que sejam compatíveis com os objetivos gerais da compreensão. O sistema de controle incorporará todas as informações necessárias ao processamento na memória de curto prazo; entretanto, o dispositivo da memória de curto prazo não necessita e não é capaz de armazenar a cada passo. Usando a metáfora dos compartimentos da modularidade da memória, partiremos do pressuposto de que esse sistema de controle se encontra em um lugar específico na memória episódica (se não desejarmos falar de uma memória com controle mais ou menos à parte), de tal maneira que suas informações sejam acessíveis tanto pela memória de curto prazo como pela de longo prazo.

Finalmente, o modelo envolve de maneira crucial grandes quantidades de *conhecimento*, tanto episódico quanto mais geral e abstrato, como aquele representado na memória semântica. Presumiremos que o rápido acesso e a recuperação eficaz desse conhecimento é vital para a compreensão estratégica do discurso e que tal recuperação eficaz só será possível se o conhecimento estiver bem organizado, por exemplo, de acordo com as várias propostas de esquemas, feitas pela Inteligência Artificial e pelas diversas teorias psicológicas dos últimos anos.

Como já foi dito anteriormente, não apresentaremos, entretanto, uma estrutura de representação completa para o conhecimento. De maneira geral, presumiremos que existem várias formas de organização, mas essas formas são mais flexíveis do que os rígidos "frames" ou "scripts". Para nossos propósitos, então, daremos atenção especial às *estratégias de uso* do conhecimento. Ao invés de uma ativação mais ou menos cega de todo um possível conhecimento na compreensão de uma palavra ou oração, ou na construção global de um tema, presumiremos que o uso do conhecimento seja estratégico, que ele dependa dos objetivos do usuário da língua, da quantidade de conhecimento disponível a partir do texto e do contexto, do nível de processamento ou do grau de coerência exigido para a compreensão, os quais são critérios para o uso estratégico do conhecimento monitorado pelo sistema de controle.

Presume-se que o que já foi colocado em termos de conhecimento também sirva para outras possíveis informações cognitivas, tais como crenças, opiniões e atitudes. Novamente, não estamos propondo nenhum modelo de representação concreto, mas é óbvio que a maior parte da compreensão do discurso envolverá crenças e avaliações pessoais. Sem estas, certos tipos de coerência local e global podem não ser estabelecidos porque podem pressupor crenças pessoais (p. ex., sobre causalidade ou opiniões). Trabalhos subsequentes em processamento de discurso terão que considerar o papel desses tipos de "cognição-chave" (Abelson, 1979; Carbonell, 1978, van Dijk, 1982a; Wegman, 1981).

Dentro do arcabouço dessas propriedades mais gerais de nosso modelo, podemos agora resumir seus vários componentes.

Estratégias Proposicionais

O primeiro passo do nosso modelo semântico envolve a construção estratégica das proposições. Logicamente, esse passo pressupõe a decodificação estrutural de superfície de encadeamentos fonéticos e gráficos, a identificação de fonemas/letras, e a construção de morfemas. Entretanto, não daremos conta dessas estratégias puramente de superfície. Para nossos propósitos, é suficiente enfatizar que o reconhecimento de uma palavra depende estrategicamente de interpretações semânticas subjacentes, gerando expectativas sobre significados possíveis, e, consequentemente, possíveis classes de palavras, assim como expectativas sobre a estrutura sintática geral da oração.

As proposições são, assim, construídas em nosso modelo com base no significado da palavra, que é ativado da memória semântica, e estruturas sintáticas das orações. Em princípio, assumiremos que exista uma relação de um para um entre proposições e orações: uma oração expressa uma proposição. No entanto, isso significa que nossas proposições devam ser *complexas*, de acordo com os modelos normais da lógica ou filosofia. Significados de palavras corresponderão ao que geralmente é chamado de *proposição atômica*. Uma sentença de oração única como

(1) *Os fascistas ganharam as eleições em El Salvador.*
seria analisada de acordo com as seguintes proposições:

(2) (i) *fascistas* (x_1)
    (ii) ganharam (x_1, x_2)
    (iii) eleições (x_2)
    (iv) em (x_2, x_3)
    (v) El Salvador (x_3)

Entretanto, uma representação linguística e cognitivamente adequada do significado de (1) não pode ser fornecida por uma lista – ou uma conjunção de proposições atômicas – em (2). Os respectivos conceitos de proposições atômicas têm estruturas relacionais complexas, ou papéis, nos quais palavras como *fascistas* têm o papel de agente, pelo fato de ser isto sinalizado pela ocorrência em primeira posição e sujeito gramatical na estrutura sintática. Consequentemente, presumimos que estas proposições atômicas são organizadas em um *esquema proposicional*, envolvendo tais relações estruturais ou funções. Tal esquema se constitui em uma unidade estratégica: ele permite uma rápida análise de estruturas de superfície em uma configuração semântica relativamente fixa e simples. Assim sendo, será estrategicamente dada a posição de agente, em tal esquema, a um nome que funcione como sujeito gramatical em primeira ocorrência, ou um pronome, quando denotar uma pessoa, mesmo antes que toda a cláusula seja analisada.

De forma semelhante, sentenças complexas serão analisadas enquanto esquemas de proposições complexas, nos quais as proposições poderão ser coordenadas ou mutuamente ligadas segundo a categoria funcional em questão. Novamente, nesse caso, a ordenação de superfície e a hierarquia de orações se constituirão em indicações estratégicas para a organização definitiva desses complexos esquemas de proposições, embora outras informações semânticas, tais como sentenças antecedentes ou a macroestrutura geral, possam designar uma estrutura diferente à representação semântica da sentença.

Estratégias de Coerência Local

Enquanto a maioria dos modelos psicolinguísticos de compreensão de linguagem baseados na sentença chegam somente até este ponto, nosso modelo de processamento de discurso tem como tarefa subsequente o estabelecimento de conexões significativas entre as sucessivas sentenças em um discurso. Resumiremos o conjunto de estratégias aqui envolvidas sob a denominação de estratégias de *coerência local*. Isto é, consideraremos que a tarefa principal da compreensão nesse ponto seja a construção da coerência local.

A condição mais abstrata à qual a coerência local está sujeita é o fato de que as proposições complexas expressas pelas respectivas orações ou sentenças denotam *fatos* sobre um mundo possível, os quais estão relacionados através de condição ou inclusão (van Dijk, 1977a). Desta maneira, em um modelo cognitivo, o estabelecimento estratégico da coerência local exige que o usuário da língua procure, da maneira mais eficiente, pelas possíveis ligações entre os fatos denotados pelas proposições. Frequentemente, fatos assim relacionados apresentam referentes idênticos, a saber, objetos individuais ou pessoas. Assim sendo, uma possível estratégia é procurar, em uma proposição, por aqueles argumentos que correferem a um dos argumentos da proposição anterior. A estratégia de repetição de argumentos apresentada em nosso trabalho anterior (Kintsch, 1974; Kintsch & van Dijk, 1978) tentou caracterizar esta estratégia de maneira essencial. Mas é somente um possível aspecto de uma estratégia de coerência local mais complexa, que exige que o número total de proposições, e, consequentemente, o número total de fatos, estejam ligados. Ordenação de cláusulas, conectivos explícitos e conhecimento da memória a longo prazo fornecerão os meios para decidir sobre a relação geral entre as proposições.

O estabelecimento de coerência local ocorre na memória de curto prazo, segundo a monitoração geral do sistema de controle e, consequentemente, sob a esfera de ação de uma macroproposição. Em nosso modelo anterior de processamento do discurso (Kintsch & van Dijk, 1978), partimos do princípio de que o estabelecimento de coerência local ocorria depois do processamento completo das orações e sentenças em questão. Entretanto, o presente modelo estratégico tenta considerar a pressuposição de que os usuários da língua estabelecem a coerência o mais rápido possível, sem esperar pelo resto da oração ou sentença. Através da correferência, por exemplo, tentam relacionar primeiramente frases nominais e, consequentemente, conceitos subjacentes (proposições atômicas), com conceitos pertinentes da proposição anterior, de acordo com as informações da estrutura funcional desta proposição anterior, a estrutura tópico-comentário nas cláusulas subsequentes (v. Givón, 1979b), ou, ainda, o papel previamente suposto do conceito na oração que está sendo processada.

Macroestratégias

Um componente central de nosso modelo se constitui em um conjunto de macroestratégias. Essas estratégias, que possuem a mesma estrutura daquelas mencionadas anteriormente, inferem macroproposições da sequência de proposições expressa localmente pelo texto. Novamente, e de maneira estratégica semelhante, macroproposições podem estar ligadas a sequências. Além disso, através da reaplicação de estratégias de inferência relevantes, poderemos ter diversos níveis de macroproposições que, em conjunto, formam a *macroestrutura* do texto. Essa macroestrutura se constitui na explicação teórica do que geralmente chamamos de enredo, trama ou tópico de um texto.

Em oposição às macrorregras abstratas, definidas em nosso trabalho anterior (van Dijk, 1977, 1980b; Kintsch & van Dijk, 1978), as macroestratégias são flexíveis e têm um caráter heurístico. De maneira geral, o usuário de uma língua não necessita esperar pelo final de um parágrafo, capítulo ou discurso para inferir do que trata o texto ou fragmento de texto. Em outras palavras, é plausível a ideia de que o usuário da língua adivinhará o tópico a partir de um mínimo de informações textuais provenientes das primeiras proposições. Tais previsões serão sustentadas pelos vários tipos de informações, tais como títulos, palavras temáticas, sentenças temáticas iniciais, conhecimento sobre possíveis ações ou acontecimentos globais resultantes, assim como informação provinda do contexto. Novamente, vemos uma estratégia oportuna sendo usada com diversos tipos de informação, os quais estão individualmente incompletos ou insuficientes para se levantar a hipótese relevante.

Estratégias Esquemáticas

Muitos tipos de discurso parecem exibir uma estrutura esquemática convencional e, consequentemente, variável de acordo com a cultura; uma forma global que organiza a macroproposição (o conteúdo global do texto). Assim sendo, atribui-se usualmente às estórias um esquema narrativo, que consiste em uma estrutura hierárquica de categorias convencionais, tais como Situação, Complicação e Resolução. Argumentações e relatórios de pesquisas psicológicas também dispõem de seus próprios dados. Chamaremos esses esquemas de *superestrutura* do texto, já que o termo esquema é por demais geral e vago para nossos propósitos. Uma superestrutura fornece a sintaxe completa para o significado global, isto é, para a macroestrutura do texto.

Os usuários de uma língua manipulam a superestrutura do texto de maneira estratégica. Tentarão ativar uma superestrutura relevante da memória semântica tão logo o contexto ou tipo de texto sugerir uma primeira pista. Daí em diante, o esquema poderá ser usado como um poderoso recurso "top-down" de processamento para a atribuição de categorias superestruturais relevantes (funções globais) a cada macroproposição ou sequências de macroproposições, além de fornecer, ao mesmo tempo, alguns delimitadores gerais sobre os possíveis significados locais e globais da base textual. Será mostrado que elas não podem ser simplesmente reduzidas a estratégias semânticas locais ou globais para o processamento de informações sobre a ação humana, como proposto anteriormente por pesquisadores da inteligência artificial.

Estratégias de Produção

Embora nosso modelo esteja relacionado principalmente com a compreensão do discurso, um modelo completo de processamento de discurso deverá incluir também um modelo de produção. Em uma teoria abstrata de discurso, não importa se as estruturas são especificadas através de análise ou síntese, já que as regras podem ser formuladas de ambas as maneiras, através de mapeamentos entre representações semânticas e expressões da estrutura de superfície e suas ordenações. Em um modelo cognitivo, entretanto, e de forma especial em um modelo estratégico, não poderemos simplesmente inverter a direção do mapeamento. O ouvinte e o locutor têm acesso a diferentes tipos de informação a cada ponto da compreensão do processo de produção, sendo que as estratégias relevantes serão também diferentes. Isto significa que o ouvinte terá que perceber o tópico do discurso de diversas maneiras, enquanto o locutor, em muitos casos, já sabe o tópico do discurso a ser produzido, exceto em alguns tipos de conversas espontâneas.

Assim, a principal tarefa do locutor é a construção de tal macroestrutura, enquanto *plano* semântico do discurso, composto de elementos do conhecimento geral e, especialmente, de elementos do modelo situacional (incluindo um modelo do ouvinte e seu conhecimento, motivações, ações passadas e intenções, e também do contexto comunicativo).

Com este macroplano, a próxima e principal tarefa será partir para a execução da base textual de maneira estratégica, nos níveis local e linear. Isso acontecerá pela escolha entre as informações explícitas e implícitas, estabelecimento e sinalização da coerência local e, finalmente, pela formulação de estruturas de superfície com os diversos dados semânticos, pragmáticos e contextuais, enquanto "inputs" controladores. De acordo com a natureza das estratégias de compreensão, teremos, neste caso, que pressupor que a formação local de proposições, e que a formulação local de estruturas de superfície não são subsequentes à formação de macroestruturas semânticas completas ou proposições locais, respectivamente. Provavelmente, os locutores começarão a formular sentenças antes que a completa representação semântica tenha sido formulada, e o mesmo é válido para o nível mais global, já que macroestruturas parcial ou previamente formadas podem ser mudadas devido às limitações de informação local. Isso ocorrerá especialmente no caso de conversas e naquele tipo de monólogo que envolve respostas contextuais por parte do ouvinte, ou observações paralelas de acontecimentos ou ações concomitantes.

No presente momento, sabemos muito pouco sobre estratégias de produção específicas. No entanto, embora essas operações e suas ordenações sejam diferentes daquelas usadas em compreensão, não nos parece plausível o fato de que usuários da língua tenham dois sistemas de estratégias completamente diferentes e independentes. Esse fato estaria em conflito com nossa pressuposição geral de compreensão, não como uma análise puramente passiva, mas como um processo construtivo. Assim sendo, o papel importante do processamento "top-down" na compreensão também envolve o planejamento parcial (ou expectativas) de estruturas e significados de sentenças e textos completos. Tal modelo considerará, ao mesmo tempo, a dimensão de *reprodução* do processamento de discurso, como, por exemplo, na recuperação de informações textuais durante tarefas nas quais as pessoas tentam se recordar de algo.

Outras Estratégias

Apesar de termos discutido alguns dos principais tipos de estratégias de compreensão de discurso, estas não são certamente as únicas. Tanto em produção como em compreensão, temos também um número de *estratégias estilísticas*. Estas permitem que o usuário da língua faça opções linguísticas entre maneiras alternativas de expressar mais ou menos o mesmo significado ou denotar o mesmo referente sob a área de ação do tipo de texto e das informações contextuais (tipo de situação, grau de formalidade, categorias dos participantes da conversação e objetivos gerais). Assim sendo, o usuário da língua também terá de estabelecer algum tipo de coerência estilística, através da seleção ou interpretação de palavras do mesmo registro e indicadores da mesma situação pessoal ou social. Para um ouvinte, isso implica, de modo particular, o uso estratégico de marcadores estilísticos para inferir as diversas propriedades do locutor ou do contexto social, tais como raiva, amor, cooperação, dominância, classe, informações vitais para o sucesso da interação (Sandell, 1977).

De forma semelhante, podemos perceber *estratégias retóricas*, tanto na produção como na compreensão de estruturas retóricas (figuras de palavra, entre outras). Enquanto a função principal da variação estilística é sinalizar relações entre o discurso e o contexto pessoal e social da fala, as estruturas retóricas são usadas para aumentar a eficácia do discurso e interação comunicativa. São, portanto, estratégicas por definição, já que são usadas para perceber, da melhor maneira possível, os objetivos da interação verbal tais como compreensão, aceitação do discurso e sucesso do ato de fala.

Desta forma, elas não conduzem à construção de representações semânticas, mas auxiliam nesse processo. Figuras de palavra podem chamar a atenção para conceitos importantes, fornecer pistas de coerência global e local, sugerir interpretações pragmáticas plausíveis (p. ex., uma promessa *versus* uma ameaça) e, de forma geral, dar mais estrutura aos elementos da representação semântica para que a recuperação seja mais fácil.

Paralelamente à interação verbal apropriada que os usuários da língua realizam ao enunciar um discurso, eles também têm de processar, de forma estratégica, a *informação não verbal*, tal como gestos, expressões faciais, proxêmica, posições corporais e outros. Cabe frisar novamente que isso raramente conduzirá, por si só e de forma independente, às representações semânticas (tal como "uma cara brava" implica "o locutor está bravo"), mas, geralmente, facilitará as estratégias de compreensão e produção de discurso. Os gestos e as expressões faciais sugerirão qual ato de fala é pertinente, quais as implicações semânticas subsequentes deverão ser selecionadas a partir das proposições locais, quais são os referentes das expressões dêiticas (Marslen-Wilson, Levy & Tyler, 1982), e quais os conceitos que deverão ser especialmente considerados novamente, conceitos esses que são todos marcadores das possíveis macroestruturas. Isso significa que as propriedades da interação não verbal fornecem importantes informações para quase todas as estratégias de processamento, assim como para as estratégias de interação em geral (Goffman, 1967, 1969; Kendon, Harris & Key, 1975; Kendon, 1981; Scherer & Ekman, 1982).

Essas estratégias são importantes, especialmente em tipos diádicos de discurso, como conversas do dia a dia. Portanto, tanto no nível textual como no nível paratextual (não verbal), haverá um conjunto de *estratégias de conversação* específicas, incluindo movimentos que envolvem as funções sociais e interacionais das unidades discursivas, tais como atos de fala e proposições. Em um modelo cognitivo, esse sistema de tomada de turnos, geralmente formalizado em termos de regras, exigiria reformulação em termos de estratégias de ação dos participantes na alocação e apropriação dos turnos do falante. Além das informações provenientes da enunciação em progresso, como sinais de limites sintáticos ou fechamento semântico de proposições complexas, tais estratégias de turnos envolveriam informações não verbais, como direção do olhar, gestos, pausas ou ações concomitantes dos participantes, em combinação com as propriedades sociais mais gerais dos participantes, além do contexto específico (quem tem o direito – e o poder – de manter ou tomar a palavra?) (v. Sudnow, 1972; Sachs, Schegloff, & Jefferson, 1974; Schenkein, 1978; Franck, 1980).

As estratégias estilísticas, retóricas, não verbais e conversacionais, brevemente mencionadas aqui, não poderão ser tratadas neste trabalho. No entanto, é óbvio que, em muitos pontos, elas operam paralelamente ou são incluídas nas estratégias que estaremos discutindo, especialmente devido ao fato de elas tornarem a interpretação semântica mais eficaz. Por diluir a ambiguidade ou marcar as intenções e motivações pessoais dos locutores, elas auxiliam o estabelecimento da função do discurso dentro do contexto interacional, e o desempenho e compreensão adequados dos atos de fala. Consequentemente, trabalhos recentes, especialmente sobre interação não verbal e conversação, deveriam ser reformulados da perspectiva do modelo estratégico cognitivo, a fim de que sejam dadas bases cognitivas sólidas àquilo que já foi analisado de maneira mais estrutural e aos estudos sobre estratégias interacionais.

CONCLUSÕES

Apresentamos aqui as bases interdisciplinares, assim como as principais pressuposições de nosso modelo. Também enfatizamos o que o modelo não pode e não pretende explicar no momento, tais como o "parsing" da estrutura de superfície e representação completa de conhecimento. Além disso, sugerimos diversos caminhos pelos quais o modelo pode e deve ser expandido no futuro: o papel das crenças, opiniões e atitudes; a natureza e papel das estratégias estilísticas, retóricas, conversacionais e interacionais; e, de forma geral, o encaixe do modelo em um modelo mais amplo de interação verbal estratégica, dentro do contexto social. Por outro lado, fizemos uma breve sugestão de como tal modelo social deveria, ao mesmo tempo, ter uma base cognitiva, através da representação de, por exemplo, contextos sociais, situações, participantes e interações no modelo cognitivo que acabamos de propor. As estratégias que apresentamos para a interpretação semântica do discurso podem certamente ser bons exemplos para uma futura teoria sobre a compreensão, o planejamento e, consequentemente, a participação na interação. Apesar de ainda existir uma lacuna teórica entre, de um lado, uma teoria da língua e do discurso e, de outro, uma teoria social da interação, nosso modelo cognitivo sugere uma possível relação entre as duas teorias. Quando traduzirmos estruturas textuais abstratas em processos cognitivos de natureza estratégica, mais concretos, "on-line", e, simultaneamente, pudermos fazê-lo relativamente a estruturas abstratas de interação e situações sociais, estaremos em condições de combiná-las de maneira complexa, em um modelo de interação discursiva. Executar tudo isso não é, logicamente, uma tarefa fácil, e é um desafio para o futuro desenvolvimento de uma ciência cognitiva interdisciplinar.

ANÁLISE SEMÂNTICA DO DISCURSO[*]

O QUE É ANÁLISE SEMÂNTICA DO DISCURSO?

Antes de tentarmos especificar como fazer uma análise semântica do discurso; devemos explicitar o que é análise semântica e que tipos de análise semântica podem ser identificados. Tal definição será tão complexa quanto o número de teorias semânticas das várias disciplinas envolvidas no estudo da linguagem: linguística e gramática, filosofia da linguagem, lógica, psicologia cognitiva e sociologia, cada uma delas com várias teorias semânticas concorrentes. Estas teorias serão diferentes quanto a objeto de análise, objetivos e métodos. Entretanto, terão algumas propriedades comuns, pelas quais serão tidas como teorias semânticas. Neste capítulo, primeiro apresento mais ou menos intuitivamente uma série dessas propriedades comuns; depois seleciono algumas delas para análise teórica complementar; e, finalmente, aplico as noções teóricas da semântica atual a alguns fragmentos do discurso.

No sentido mais geral, a semântica faz parte de uma teoria semiótica mais ampla sobre comportamento significativo e simbólico. Portanto, não temos somente uma semântica das elocuções ou atos da linguagem natural, mas também do comportamento não verbal ou paraverbal, como gestos, pinturas e filmes, sistemas lógicos ou linguagens de computador, linguagens de sinais do surdo,

---

[*] In VAN DIJK, T. A. (ed.). Handbook of Discurse Analysis. Nova York, Academic Press, 2 vols., 1985. Tradução de Maria do Espírito Santo Brito

e talvez, a interação social em geral. Neste capítulo, consideramos somente a semântica das elocuções da linguagem natural, isto é, dos discursos e seus elementos constitutivos, tais como palavras, sintagmas, orações, períodos, parágrafos e outras unidades identificáveis do discurso.

Provavelmente, o conceito mais geral usado para denotar o objeto específico de uma teoria semântica é o conceito de "interpretação". A interpretação pode ser de vários tipos, dependendo da disciplina ou teoria envolvida. Para maior clareza, primeiramente fazemos distinção entre tipos de interpretação abstrata e concreta. Deste modo, a gramática (ver Lyons, 1977) e a lógica (ver Carnap, 1956; Cresswell, 1973; Lehrer & Lehrer, 1970; Linsky, 1952, 1967, 1971; Montague, 1974) tem teorias semânticas que especificam as interpretações abstratas; enquanto um modelo cognitivo em psicologia (ver Clark, 1976; Clark & Clark, 1977; Cotton & Klatzky, 1978; Kintsch, 1974, 1977; Lindsay & Norman, 1972; Norman & Rumelhart, 1975; Tulving & Donaldson, 1972) tratará de interpretações concretas. As primeiras são interpretações do discurso e dos elementos do discurso, por meio de sistemas e de regras desses sistemas, enquanto que as últimas são interpretações dos usuários da linguagem. Os dois tipos de interpretação são relacionados: uma semântica linguística abstrata (gramatical) tem, usualmente, afirmações empíricas de que pretende exemplificar pelo menos alguns aspectos das interpretações concretas dos usuários da linguagem, quando elas são explicadas em modelos psicológicos.

Interpretações são processos ou operações de atribuição: a objetos do tipo X elas atribuem objetos do tipo Y. Os objetos do tipo X, aos quais atribuímos alguma coisa, são usualmente chamados de expressões. Desse modo, palavras, ou melhor, formas de palavras (morfemas), e sentenças, ou melhor, formas de sentenças (estruturas sintáticas) são objetos cujas interpretações são fornecidas por teorias semânticas. O que é atribuído por operações de interpretação são, tipicamente, objetos semânticos de vários tipos. Um primeiro objeto semântico desse tipo é o significado. Portanto, a interpretação de um discurso, como é explicitada numa teoria semântica do discurso, é a atribuição de significado(s) às expressões de um discurso. Este é, mais ou menos, o tipo de semântica frequente em teoria linguística. *Grosso modo*, os significados são objetos conceituais de vários graus de complexidade, considerando a complexidade das expressões correspondentes. Mais uma vez, dependendo do tipo de semântica, tais significados podem ser descritos em termos mais concretos ou mais abstratos; os últimos são as representações cognitivas dos usuários da linguagem associadas às expressões da linguagem natural em geral, ou a discursos atuais, em particular. O tipo de interpretação pela qual significados são atribuídos a expressões é geralmente chamada "intensional". Além dessas interpretações intensionais, temos também interpretações extensionais, as quais dependem (são uma função) das interpretações intensionais: expressões com um dado significado podem referir ou denotar algum objeto ou propriedade "no mundo". Consequentemente, fornecer uma interpretação extensional de um discurso é especificar seu conteúdo, isto é, os indivíduos, as propriedades, os estados de coisas, que constituem seus vários referentes, em algum modelo formal de um mundo possível. Esse tipo de semântica referencial é tradicionalmente explorada, mais precisamente em termos formais, na filosofia e, especialmente, na lógica. Mostra-se, adiante, que uma semântica do discurso deveria ser tanto intensional como extensional, isto é, sobre significados e sobre referência. Além disso, vê-se que uma semântica do discurso não é somente abstrata, mas também envolve o tipo de noções semânticas usado nos modelos cognitivos e na inteligência artificial. Por exemplo, para sermos capazes de interpretar um discurso, isto é, de atribuir-lhe significado e referência, precisamos também de uma avaliação substancial do conhecimento do mundo e este conhecimento pode ser só parcialmente especificado no interior da linguística ou da gramática, precisamente, no léxico.

Um primeiro princípio da semântica é a "funcionalidade", segundo o qual o significado das expressões do discurso é uma função dos significados de suas expressões componentes. Assim, o significado de uma sentença deve ser calculado com base nos significados das palavras que a compõem. Um segundo princípio importante é o "estrutural", que assegura que as estruturas das expressões são interpretadas como estruturas de significados. Não estamos nos referindo a regras específicas que explicitam como o significado de sentenças pode ser derivado de palavras e de grupos de palavras. Nós meramente afirmamos (1) que expressões do discurso podem ser analisadas como sequências de sentenças e (2) que as unidades de significado atribuídas a sentenças são proposições, que consistem de um predicado e de um número de argumentos, os quais podem ter vários papéis (casuais). Portanto, um aspecto inicial da análise semântica do discurso é investigar como sequências de sentenças de um discurso são relacionadas a sequências de proposições subjacentes e como o significado de tais sequências é uma função do significado das sentenças constituintes ou proposições.

Simultaneamente, ainda, a análise semântica do discurso tem uma dimensão extensional ou referencial. Isto é, nós queremos saber que sequências de sentenças num discurso podem referir. Tradicionalmente, a filosofia e a lógica identificaram o objeto de referência para uma sentença como um valor de verdade, por exemplo, "verdadeiro" ou "falso". A proposições compostas foi também atribuído um valor de verdade com base no significado específico dos conectivos que ligam proposições (*e.g., e, ou, se... então* lógicos). Naquela tradição, podíamos exigir, então, que a semântica do discurso especificasse as regras que atribuem um valor de verdade ao discurso como um todo, baseando-se nos valores de verdade atribuídos a sentenças individuais. Mesmo que, até certo ponto, isso fosse um objetivo legítimo, há várias razões para não seguir essa abordagem lógica aqui, porque, por exemplo, sentenças e proposições num discurso não estão ligadas somente por conectivos lógicos. Além disso, uma abordagem por funções de verdade é muito limitada e seria relevante somente para discursos usados em contextos afirmativos, isto é, atos de fala de asserção e não seria relevante para questões, ordem, promessas, congratulações e acusações. Em consequência, supomos que os objetos de referência para sentenças significativas são fatos, mais precisamente, os fatos que constituem algum mundo possível. Uma teoria pragmática especificará se tais fatos são parte de um mundo possível dado ou não, se um ato desses será ou deveria ser produzido, levando-se em conta o ato de fala realizado, quando o discurso é usado e proferido em algum contexto social específico. Daí, visto que intensionalmente ligamos sequências de sentenças a sequências de proposições, estas estão, por sua vez, ligadas, no nível extensional, a configurações de fatos, tais como estados de coisas, eventos, ações, ou complexos desses episódios. Observe, a propósito, que fatos como mesas ou propriedades como "quente" e relações como "amar", são ontologicamente reais somente com respeito a normas e convenções sociais e cognitivas, princípios de identificação e distinção, ou outras operações que podem ser culturalmente variáveis. Finalmente, deve ser acrescido que não são somente os fatos denotados por um discurso que dependem dos significados das expressões do discurso; ao contrário, a significância de um discurso depende dos atos reais ou possíveis (ou complexos de fatos ou episódios) denotados pelo discurso, uma dependência que pode ser avaliada somente com base no nosso conhecimento ou crença sobre os fatos atuais ou possíveis, em algum universo ou situação. Esta é a única razão por que uma semântica puramente abstrata do significado e da referência deve ser ampliada numa estrutura cognitiva.

Embora a maior parte das teorias semânticas envolva noções como "interpretação", "significado", "referência", "intensão", "extensão", "valores de verdade", ou "fatos", e tenha como principal objetivo especificar regras por cujo intermédio, por exemplo, unidades de significado, tais como as proposições, são transferidas para as expressões da linguagem natural ou formal, não é necessário limitar-nos a essas tão bem estabelecidas noções da linguística abstrata e das teorias lógicas ou filosóficas. Enfatizamos acima que a interpretação real é um ato mental, ou, mais, precisamente, um processo cognitivo de usuários da linguagem. O resultado deste processo é uma representação conceitual do discurso na memória. Se essa representação satisfaz um número de propriedades, dizemos que um usuário da linguagem entendeu o discurso (ver Beaugrande, 1980; Freedle, 1977, 1979; Just & Carpenter, 1977; Kintsch, 1974; Kintsch & van Dijk, 1978; van Dijk & Kintsch, vol. 2, deste Manual). Tais representações, contudo, em geral, não consistem somente em significados convencionalizados, como são especificados no léxico de uma dada língua. O usuário da linguagem, como enfatizamos antes, volta a apresentar seu conhecimento do mundo, e muitos aspectos relevantes deste muito extensivo conhecimento do mundo podem, por isso, tornar-se parte da representação conceitual. Igualmente, os usuários da linguagem tiveram experiências prévias, como ter lido outros discursos sobre os mesmos tipos de fatos, e os traços das representações dessas experiências gradualmente constroem e atualizam modelos da situação na memória episódica. Esses modelos fornecem o conhecimento e a base referencial para o processo de interpretação. E, finalmente, os usuários de uma língua específica podem também gerar opiniões, isto é, crenças avaliativas sobre objetos particulares ou fatos, baseadas em suas atitudes e ideologias. Isto é, a representação do discurso não será objetiva somente no sentido de ser socialmente normalizada ou convencional, mas terá também dimensões subjetivas. Esta interpretação subjetiva dependerá também de fatores contextuais, como motivações pessoais (vontades, desejos, preferências, propósitos, intenções), objetivos, interesses, tarefas, obrigações, ou aspectos sociais da situação comunicativa. Esses determinarão quais significados recebem atenção especial, quais significados serão desconsiderados, como o conhecimento, crenças e opiniões são ativados e usados, quais associações são ativadas e como os significados podem ser transformados em significados especiais, pessoais ou contextuais.

No fim deste capítulo, fazemos abstração desses aspectos cognitivos e subjetivos do significado do discurso e centramos nossa atenção nas propriedades mais gerais da interpretação semântica. Não respeitaremos, contudo, o limite normal entre a semântica linguística ou gramatical e a semântica cognitiva. Assim, se falarmos sobre o significado ou referência de elementos do discurso como as sentenças, isso traduz uma generalização e uma abstração com respeito às propriedades cognitivas da compreensão do discurso.

ALGUMAS PROPRIEDADES ESPECÍFICAS DA SEMÂNTICA DO DISCURSO

Em sentido oposto às noções mais gerais de semântica da linguagem natural mencionadas na seção anterior, somos capazes, agora, de especificar que noções adicionais são relevantes na interpretação semântica do discurso. Ou ainda, que aspectos do significado e da referência do discurso não podem simplesmente ser descritos em termos de significados de palavras, sintagmas, ou sentenças isoladas?

A Coerência do Discurso

Um primeiro aspecto que requer nossa atenção é o fato de que os discursos geralmente consistem em sequências de sentenças que expressam sequências de proposições (ver Beaugrande, 1980; Beaugrande & Dressler, 1981; Ostman, 1978; Petöfi & Rieser, 1973/4; van Dijk, 1972, 1977). Queremos saber, justamente, como os significados de palavras e sintagmas no interior de uma sentença são relacionados de modo a constituir o significado da sentença como um todo, queremos saber como os significados das sentenças são relacionados de modo a formar o significado da sequência como um todo. Em outras palavras, como as proposições de um discurso estão encadeadas numa sequência e como elas adquirem os mais complexos significados? As mesmas questões podem ser feitas para a dimensão referencial do discurso. Um importante aspecto desta última dimensão é, por exemplo, o problema das respectivas ordens ou organização envolvidas. As sentenças se dispõem, uma após outra, tanto no discurso escrito como no discurso oral, numa maneira linear. As estruturas semânticas subjacentes, ou seja, as proposições, podem – de acordo com muitas teorias – ter uma organização hierárquica adicional. Os fatos denotados pelo discurso, por exemplo, estados de coisas, ações ou eventos, contudo, têm organização espacial, condicional (*e.g.*, causal) ou temporal. Portanto, é uma tarefa cognitiva importante, para o falante ou escritor, representar estas relações entre os fatos como relações intra ou interproposições e expressar estas novamente na ordem linear das palavras, sintagmas e sentenças (Levelt, 1981; van Dijk, 1977), visto que o ouvinte ou leitor têm a tarefa de estabelecer estas relações, ao contrário (com conhecimento adicional sobre a ordem normal dos fatos). Com efeito, um discurso não é apenas um conjunto de sentenças, mas uma sequência ordenada, com condicionamentos convencionais sobre as ordenações possíveis, desde que seja significante e represente certas estruturas de fato, por exemplo, episódios. Mas, não somente a ordem das proposições, num discurso, é condicionada por regras de significação; o conteúdo delas, isto é, seus significados conceituais e referências, está também sujeito a certos princípios ou regras. Em geral, então, a sequência de proposições subjacentes a um discurso aceitável deve satisfazer várias condições da chamada "coerência"[1]. Da mesma maneira, as expressões da estrutura de superfície, isto é, as estruturas morfofonológica, sintática e lexical das respectivas sentenças devem apropriadamente indicar esta coerência, por exemplo, ordem de palavras e ordem de sentenças, uso de conectivos, advérbios sentenciais, tempos verbais, ou pronomes; tais meios costumam ser subsumidos sob o conceito de "coesão" (estrutura de superfície). Estas expressões da estrutura de superfície da coerência semântica são tratadas aqui.

Antes de analisarmos alguns exemplos de discurso natural, um só exemplo pode ilustrar algumas das condições do que chamamos "coerência local" no discurso:

(1) a. No próximo mês, estaremos em Berkeley.
     b. Permaneceremos com amigos.

Por esta amostra de discurso, podemos observar, primeiramente, que a ordem inversa das sentenças resultaria num discurso muito menos significativo. Isso quer dizer que nós, aparentemente, deveríamos, em primeiro lugar, ter a especificação de alguma ação ou estado de coisas mais global, possivelmente, com indicação de tempo e lugar e, então, poderíamos ter detalhes da ação ou estado mencionado. Parece haver um princípio exigindo que a ordem da sentença ou proposição possa refletir a ordem geral-particular dos fatos. Isto significa que (1b) será interpretada com relação à interpretação de (1a): "permaneceremos em Berkeley" e "os amigos com quem permaneceremos moram em Berkeley". Estas últimas proposições podem ser inferidas de (1b) dado à sentença prévia (1a) no mesmo discurso. De forma semelhante, a ordem espacial entre fatos exige a mesma ordem linear na expressão de proposições:

(2) a. Eles têm uma casa grande na montanha.
     b. Ela tem, pelo menos, 10 quartos.

Novamente, achamos que os objetos devem ser introduzidos antes das propriedades, como "conteúdos" que podem ser propriamente especificados. Seria um tanto divertido dizer: *Eles estão morando em 10 quartos. Estes estão numa casa grande na montanha*, de modo que há condicionamentos na representação do espaço ou relações de posse. Princípios ordenadores semelhantes existem para a representação da percepção ou compreensão dos fatos: em geral, o que é descoberto primeiro, deve ser mencionado primeiro. Por isso, nós preferimos *Havia uma mesa no canto. Sobre ela havia um grande vaso de flores*, a *No canto havia um grande vaso de flores. Ele estava sobre a mesa.* Alguns dos princípios envolvidos são mais ou menos regras convencionalizadas, enquanto outras são estratégias estilísticas, às vezes seguidas, mas que podem ser ignoradas para se obterem efeitos especiais.

Os mais evidentes condicionamentos de coerência mantêm a representação das relações temporal e condicional entre eventos ou ações. Possível, provável, ou necessariamente, as condições (*e.g.*, causas) devem em geral ser mencionadas antes de suas consequências:

(3) a. Esta manhã eu tive uma dor de dente.
     b. Eu fui ao dentista.

(4) a. Nós fomos a um restaurante caro.
     b. João pediu truta com amêndoas.

Em (3) temos primeiramente a condição, a saber, uma razão, e então uma ação consequente, enquanto em (4) temos primeiramente uma ação que permite outra ação como sua consequência ou como sua especificação. No último caso, não podemos inverter a ordem das sentenças, visto que não ficaria claro quando e onde João realizou aquela ação específica. Em (3), contudo, podemos colocar a segunda sentença na primeira posição, mas então obtemos um significado diferente: ter uma dor de dente não mais é apresentada como uma razão para uma ação; a sentença funciona como uma explanação mais do que como uma descrição de uma sequência de eventos. Ocorre que a ordenação das sentenças no discurso onde indicar uma ordenação condicional entre fatos representados, mas também pode indicar o uso da sentença como uma explanação. Tais usos requereriam análise pragmática adicional de sequências de sentenças (van Dijk, 1981). Geralmente, portanto, faz sentido distinguir duas grandes classes de condições de coerência semântica: coerência condicional e coerência funcional[2].

A sequência de proposições é condicionalmente coerente se denota uma sequência de fatos condicionalmente relatados, tais como causas e consequências, enquanto uma sequência de proposições é funcionalmente coerente se as respectivas proposições têm, elas, mesmas, uma função semântica definida em termos da relação com as proposições anteriores. Deste modo, a proposição pode funcionar como uma especificação, explanação, comparação, contraste ou generalização, com respeito à proposição anterior. Enquanto os discursos (1), (3) e (4) são condicionalmente coerentes, (2) é funcionalmente coerente. Note-se que dois tipos de coerência podem também sobrepor-se, até um certo ponto: em (1), ir a alguma cidade pode ser uma condição possível para o ato de permanecer com amigos (e não, por exemplo, ir ao cinema). Ao mesmo tempo, há um aspecto funcional: estar em alguma cidade, tomada como equivalente de permanecer em alguma cidade, pode ser explicitada pela informação de que nós permanecemos com amigos.

Postulamos que a coerência não é produzida somente pela ordenação de sentenças, mas também por seu significado e referência. Em consequência, não temos, em geral, sequências como (5) em situações estereotípicas:

(5)　a. Nós fomos a um restaurante caro.
　　　b. João pediu um Chevrolet grande.

Apesar de (5b) ser, isolada, uma sentença significativa, não se relaciona significativamente com a sentença anterior, se ela for interpretada como uma ação realizada no restaurante. Nosso conhecimento do mundo sobre comer em restaurantes – organizado nos chamados *scripts* (Schank & Abelson, 1977) – diz-nos que pedir um carro não é uma coisa normal para se fazer em restaurante. Portanto, a significância do discurso depende também do que pressupomos ser a normalidade dos fatos, episódios, ou situação descrita. Em outras palavras, entender um discurso pressupõe entender o mundo. Para um discurso como (5), a compreensão é restaurada tão logo nós saibamos que João é louco ou que está tentando somente ser engraçado. (5b) podia também ser interpretada como a primeira sentença de uma sequência que, como um todo, especifica o evento no restaurante: João pediu um carro (*e.g.*, um táxi) para nos levar ao restaurante.

As relações de coerência conectam sentenças ou proposições como conjuntos e não somente os elementos das proposições. Tanto em (1) como em (3) podemos observar que, nos pares de sentenças, encontramos expressões referenciais denotando referentes idênticos: *Nós* em (1). *A casa* e *ela* em (2), e *Eu* em (3). Deve ser enfatizado que tais formas de correferência coesiva não são uma condição suficiente nem necessária para a coerência do discurso. (Em muitos estudos anteriores, esse critério correferencial é considerado a principal condição para a coerência, como visto no tratamento dado a fenômenos tais como os pronomes.)

Em (4) não há correferência estrita, apesar de ser entendido que João é um membro do conjunto denotado por NÓS. Mas (4a) pode ser precedida por sentenças como *Estava uma noite bonita* ou *Não havia comida em casa*, e estas sentenças seriam perfeitamente coerentes com (4). Isto porque tais sentenças, como conjuntos, denotam uma condição, uma razão, ou um precedente para as ações mencionadas, por último, no discurso. Mera identidade correferencial não seria suficiente, como podemos ver, caso substituíssemos *João* pelo pronome *nós* em (5a), ou *Eu nasci em Nova York* fosse substituída por (3b). Conclui-se que a base para avaliar a coerência do discurso não são os significados das palavras individuais ou referentes, mas, precisamente, o conjunto das proposições, quando elas relatam fatos. Desde que a identidade de referentes é, às vezes, concomitante com o relato dos fatos, a correferência é um aspecto frequente da coerência: em algum trecho do discurso, pelo menos, nós estamos falando sobre o mesmo objeto, ou sobre a mesma pessoa, introduzindo novos objetos ou pessoas relacionados a outros mencionados previamente. Marcadores de coesão superficial, como pronomes, pró-verbos, artigos, demonstrativos, nomes, ou identidade lexical indiciam essa propriedade da coerência semântica subjacente (Halliday & Hasan, 1976).

As relações entre as proposições, como conjuntos denotando relações entre fatos, não são expressas somente pela ordem da sentença, como discutido acima, mas também por meio de vários tipos de conectivos, como as conjunções: *e, mas, apesar de, se... então, pois, porque, ou, a menos que, não obstante*; e por advérbios compostos, como: *ao contrário, como uma consequência,* ou *por um lado* e *por outro lado*. Eles expressam tipos de coerência, tanto funcional, como condicional, embora pareça que o uso condicional predomina.

Nos exemplos dados anteriormente, podemos facilmente imaginar o uso de conectivos nas leituras condicionais, visto que a coerência funcional é simplesmente marcada pela coordenação e subordinação da oração ou sentença. Nós pressupomos que a semântica dos conectivos pode, pelo menos parcialmente, ser explicada em termos de relações condicionais de várias intensidades (possibilidade, probabilidade e necessidade) entre os fatos denotados pelas orações ou sentenças conectadas (van Dijk, 1977). Deste modo, *e* tem uma função de conexão, a qual permite que ele seja usado em lugar de outros conectivos condicionais e também pode funcionar como o conectivo condicional mais fraco (A segue B), enquanto *porque, para, então* expressam relações condicionais mais fortes. *Mas, contudo, porém* pressupõem essa relação condicional, mas indicam que uma inferência ou expectativa não realiza um caso particular: normalmente A condiciona B, mas não B é o caso. Isso indica que o significado de conectivos precisa de explanação em termos de expectativas dos usuários da linguagem (ver Ducrot, 1980).

Os detalhes formais, o significado específico e as condições de referência dos vários conectivos não são discutidos neste capítulo. Deve ficar claro, contudo, que os conectivos têm funções pragmáticas tanto quanto funções semânticas (ver Dijk, 1981). Além de expressar relações entre proposições e, consequentemente, denotar relações entre fatos, podem também ser usados para expressar relações entre atos de fala realizados pelo proferimento das sentenças respectivas em algum contexto. Neste caso, "e" pode ser sinal de adição de informações, "mas" um protesto contra um ato de fala anterior, "ou" uma correção de atos de fala anteriores ou de suas condições de adequação, e "então" uma conclusão. Os usos pragmáticos são frequentemente marcados pela posição inicial em sentenças novas independentes, uma vez que o uso semântico dos conectivos pode ser também interoracional.

Distribuição de Informação

Revisamos, acima, algumas das condições para a coerência do discurso no nível das sentenças e das sequências de proposições. Vimos que há regras e estratégias para ordenar as sentenças e expressar relações de espaço, de tempo e de condição entre proposições e fatos. Fizemos distinção entre tipos de coerência funcional e condicional e enfatizamos que a coerência deve sempre ser definida em termos de proposições completas e de fatos por elas denotados, e que é relativa ao conhecimento do mundo que o falante e o ouvinte têm. Os conectivos podem ser usados para expressar essas conexões entre proposições, enquanto outros fenômenos de superfície (artigos definidos, pronomes, tempos verbais ou demonstrativos) podem ser usados para indicar que o mesmo tempo, lugar, ação, evento ou indivíduo participam dos fatos subsequentes. Quanto a estes últimos, nós os vimos como uma condição frequente, mas não necessária ou suficiente para a coerência.

Há um segundo aspecto de semântica do discurso envolvido na definição de coerência. O discurso não é simplesmente uma representação dos fatos relatados; ele deve também respeitar vários condicionamentos para processar informação, a partir de um ponto de vista tanto cognitivo como interacional ou social. Usados em contextos sociais, os discursos são realizados como sequências de atos de fala (e como um ato de fala global – ver abaixo) e têm, portanto, como sua primeira função, estabelecer alguma representação semântica e, sobre essa base, alguma representação pragmática na memória do ouvinte ou leitor. Nessa perspectiva, um discurso deve respeitar um número de princípios comunicativos mais gerais: deve ser informativo bastante (não demais, nem de menos), deve ser relevante com respeito ao tópico do discurso ou da conversação (ver adiante), ou com respeito ao contexto interacional, deve ser breve, e deve ser suficientemente claro (Grice, 1967). Para cada sentença do discurso, tanto quanto para o discurso como um todo, deve ser indicado ao ouvinte, tanto no nível semântico quanto no nível da estrutura de superfície, como cada sentença se relaciona com as sentenças anteriores e, possivelmente, com as posteriores, como a informação de cada sentença se vincula à informação de outras sentenças, e que informação é pressuposta (pelo falante ou escritor) da parte do ouvinte ou do leitor, a respeito do contexto e do mundo. Isto significa, entre outras coisas, que em cada ponto do discurso deve haver, pelo menos, uma nova informação (nós não podemos repetir uma mesma sentença seguidamente), e que esta nova informação deve estar apropriadamente ligada à informação antiga, a qual pode ser textual (introduzida antes, no mesmo discurso) ou contextual (derivável do conhecimento do ouvinte sobre o contexto comunicativo e sobre o mundo em geral). Este aspecto informacional do discurso como uma forma de interação comunicativa aparece em vários níveis. Uma maneira proeminente de organizar a estrutura informacional do discurso é a distinção, nos limites da semântica de cada sentença, entre a função de um tópico e a função de um comentário[3]. Estas noções são extremamente intricadas, e não foram ainda completamente entendidas, mas pressupõe-se, aqui, que elas são funções textualmente dependentes, atribuídas a fragmentos da estrutura semântica das sentenças num discurso. A função tópica pode ser atribuída à informação semântica "antiga" em vários sentidos, isto é, já introduzida pelo texto ou já conhecida pelo ouvinte (também a partir do contexto), e por conseguinte, de alguma forma, dada ou pressuposta. A informação antiga é selecionada e colocada em primeiro plano, como um ponto de apoio para a nova informação da sentença. Vemos, a partir dessa caracterização intuitiva, que a noção de tópico requer explicação gramatical, pragmática, cognitiva e interacional. Dentro de nosso restrito ponto de vista semântico, podemos defini-la em termos de relações semânticas entre proposições; por exemplo, em termos de identidade ou de outras relações (implicação, conexão), ou em termos de fragmentos de proposição (predicados, indivíduos).

A forma mais típica de atribuição tópica deriva da identidade de indivíduos introduzidos previamente: a sentença fornece informação adicional (comentário) sobre um objeto ou pessoa antes mencionados. Tal função tópica é indicada de várias maneiras pelos traços da estrutura de superfície das línguas, tal como a ordem das palavras, funções gramaticais (*e.g.*, sujeito), pronomes, artigos definidos, ou ordem hierárquica da oração. Em inglês, por exemplo, a função tópica de um fragmento semântico subjacente pode ser expressa por ausência de estresse, por sintagma nominal definido em posição inicial ou por pronome com função de sujeito e, às vezes, com papel semântico de agente. Estas indicações diferentes não precisam coincidir sempre: outras posições são possíveis e o tópico pode ser também combinado com outros papéis semânticos. Se algumas dessas marcas não são identificáveis, como no caso da ordem livre das palavras ou de nenhuma marca gramatical especial de sujeitos, as línguas podem ter uma expressão léxica ou morfológica adicional para os segmentos da sentença que expressa o tópico. Caso não se adote a ordem preferida, tornam-se necessários, então, os arranjos especiais. Desse modo, em inglês, sintagmas nominais iniciais (definidos ou pronomes) que não portam função tópica são acrescidos de um estresse especial e organizados em sentenças clivadas (Foi João que...). Dependendo dos condicionamentos cognitivos (pequena capacidade de memória, foco de atenção, etc.) a função tópica, na estrutura de superfície, pode ser marcada por identidade semântica no nível referencial, expressa por pronomes em lugar de sintagmas nominais definidos completos (Marslen & Wilson, Levy, Komisarjevsky-Tyler, 1981).

A tão falada articulação tópico-comentário de sentenças não está restrita aos elementos da proposição, mas pode-se estender ao conjunto de proposições. Neste caso, geralmente fazemos uma distinção entre a pressuposição e a asserção, partes de uma sentença (Kempson, 1975; Petöfi & Franck, 1973; Wilson, 1975). A pressuposição, tendo função tópica, consiste numa proposição supostamente conhecida pelo ouvinte, a partir do texto ou do contexto. Formalmente falando, uma proposição como esta é acarretada tanto pela sentença que porta a pressuposição, como pela negação desta sentença. Proposições pressupostas são tipicamente expressas por orações subordinadas iniciais, mas podem também ser indicadas por um número de predicados ou advérbios, como SABER (cuja proposição objeto é suposta, pelo falante, como verdadeira), PRETENDER (cuja proposição objeto é duvidosa para o falante), ou ATÉ (pressupondo que a negação da proposição teria sido mais provável, tal como no uso de MAS), como em:

(6)   Até os professores participavam da concentração dos estudantes.

Observe-se que a asserção componente de sentenças portadoras de pressuposições é relevante somente para sentenças afirmativas usadas como asserções; pressuposições também ocorrem em perguntas, ameaças, promessas, ou outros atos de fala, apesar de que sua natureza pressuposta, neste caso, está fora do escopo de tais atos de fala.

Coerência Global: Macroestruturas

Até agora, discutimos as propriedades semânticas do discurso somente pelas relações entre sentenças ou entre proposições, isto é, em pares, conexões lineares entre elementos numa sequência. Temos resumido estas propriedades sob o termo "coerência local". Há, contudo, um terceiro aspecto importante da semântica do discurso que requer a nossa atenção. A significância do discurso reside não somente neste nível local (ou microestrutural) de orações adjacentes e conexões de sentenças, mas também, num nível global. Devemos também explicitar as propriedades do significado de fragmentos maiores de um discurso, como os parágrafos, enquanto conjuntos. Os parágrafos podem ser conectados, mesmo que a primeira e a última sentença não estejam conectadas conforme as condições mencionadas acima. Da mesma maneira, fazemos afirmações sobre o significado dos segmentos maiores do discurso ou de todo o discurso que não podem ser simplesmente definidos em termos das condições de coerência local, supramencionadas.

Falamos sobre o tópico, o tema, o assunto, o ponto, o ponto de vista, ou o resumo de um discurso, noções estas que não se aplicam a sentenças ou proposições individuais. Contudo, supomos que, além da estrutura semântica local, um discurso também tem uma estrutura semântica global ou macroestrutura (Jones, 1977; van Dijk, 1972, 1977, 1980). Deste modo, uma macroestrutura consiste numa reconstrução teórica de noções intuitivas como a de "tópico" ou a de "tema" de um discurso. Ela explica o que é mais relevante, importante, ou proeminente na informação semântica do discurso como um todo. Ao mesmo tempo, a macroestrutura de um discurso define sua coerência global. Sem esta coerência global, não haveria controle global sobre as conexões locais e sequenciações. As sentenças podem ser conectadas apropriadamente, de acordo com o critério de coerência local dado, porém a sequência pode simplesmente extraviar-se fora de qualquer condicionamento, no qual devia estar globalmente inserida:

(7)   Esta manhã eu tive uma dor de dente.
        Eu fui ao dentista.
        O dentista tem um carro grande.
        O carro foi comprado em Nova York.
        Nova York teve sérios problemas financeiros.

Os fatos acima podem ser relacionados localmente, mas não estão relacionados a uma questão central ou tópico. A macroestrutura é a informação semântica que fornece esta unidade global ao discurso. Muitas vezes, essas macroestruturas subjacentes são expressas pelo próprio texto (por exemplo, em anúncios, títulos, sumários, sentenças temáticas) ou pela expressão de planos de ação. De acordo com o princípio fundamental da semântica, o princípio de funcionalidade, a macroestrutura de um discurso deve ser uma função dos respectivos significados de suas sentenças. Esta função, contudo, não é resultante de uma conexividade acrescida ao nível local da sequência, isto é, da soma de todos os graus de conexões de coerência entre sentenças. Ao contrário, é uma espécie da transformação semântica, projetando sequências de proposições do texto sobre sequências de macroproposições, nos níveis mais gerais, abstratos ou globais de significado. Intuitivamente, essas projeções são operações que selecionam, reduzem, generalizam e (re)constroem proposições em outras proposições menores, mais gerais ou mais particulares.

Estas transformações ou operações são chamadas "macrorregras". São regras de interpretação semântica de segunda ordem: depois da interpretação de sentenças e de pares de sentenças, elas permitem uma interpretação adicional de sequências como proposições (globais), que caracterizam o significado de uma sequência de ações realizadas. "João foi de férias esquiar na Suíça" pode ser reduzida por macrorregras à macroproposição "João foi esquiar na Suíça".

As macrorregras suprimem toda informação proposicional de relevância exclusivamente local que não seja necessária para a compreensão do resto do discurso; elas generalizam e reúnem indivíduos, em termos de grupos e características diferentes de pessoas, em termos de traços globais de personalidade, e agrupam condições, componentes, ou consequências de alguma ação ou evento, como uma ação total ou um conceito de evento ("Ir à estação", "comprar uma passagem", "ir à plataforma" e assim continuamente resultaria numa macroproposição "Tomar o trem para..."). Obviamente, essas macrorregras podem operar somente com base no conhecimento do mundo: devemos saber ou ter suposições sobre o que é relevante e importante em algum contexto comunicativo, devemos saber como agrupar indivíduos e propriedades, e devemos saber que aspectos estereotípicos são envolvidos em eventos e ações globais, tais como acidentes ou viagens de trem, de modo que possamos, como ouvintes, ativar os *scripts* relevantes e ter uma representação global do contexto comunicativo e dos objetivos do falante.

As macrorregras operam recursivamente. Elas podem derivar uma sequência de macroproposições a partir da sequência de proposições expressas pelo discurso (por exemplo, aquelas de uma página de uma novela), a qual pode ser novamente a entrada para as regras, de modo que os tópicos ou temas de nível mais elevado sejam derivados. Até aqui, chegamos a uma estrutura hierárquica, com o tópico ou tema mais global no plano mais alto. Nos jornais, por exemplo, o tópico mais alto é geralmente expresso (pelo menos parcialmente) em letras maiúsculas, como em TORNADO MATA 500 PESSOAS ou PRESIDENTE ENCONTRARÁ LÍDER SOVIÉTICO. Mais completamente, uma macroestrutura é tipicamente expressa pelo resumo de um discurso (Kintsch & van Dijk, 1978; Reder & Anderson, 1980; van Dijk & Kintsch, 1978). Operacionalmente falando, os discursos que não se prestam a resumos não têm macroestrutura ou a têm muito fragmentariamente (*e.g.*, alguns poemas modernos).

O que foi observado pela análise do significado, no começo deste capítulo, também vale para as macroestruturas. Como foi teoricamente descrito aqui, as macroestruturas são apenas abstrações relativas às operações e representações cognitivas mais concretas. Isto é, uma vez que o conhecimento do mundo, crenças, opiniões, atitudes, interesses e objetivos dos participantes do discurso podem variar, pode-se também atribuir diferentes significados globais (macroestruturas), como pode-se ter apreciações diferentes sobre que informação é relevante ou importante para o discurso (e o contexto comunicativo) como um todo. Apesar dessas variações particulares e subjetivas, há geralmente organização suficiente para garantir uma comunicação e uma interação bem-sucedidas.

ESTRATÉGIAS SEMÂNTICAS

Os tipos de propriedades semânticas tratadas na seção anterior são tipicamente descritas, como sugerimos anteriormente, de maneira resumida, em semântica estrutural. É que as interpretações semânticas e a coerência são determinadas *ex post facto* ao discurso ou fragmento do discurso, como uma elocução verbal acabada. Enfatizamos que a interpretação real, isto é, a compreensão por parte de um usuário da linguagem, não se estabelece somente pelo funcionamento sistemático de regras sistemáticas entre as unidades e os níveis. Mais precisamente, os usuários da linguagem aplicam estratégias efetivas para atingir, o quanto antes, a interpretação pretendida, fazendo uso de vários tipos de informação: textual, contextual e cognitiva ao mesmo tempo. Estes processos cognitivos não podem ser vistos aqui.

Todavia, como também vimos, não há fronteira definida entre estes diferentes tipos de semântica, isto é, entre o tipo de semântica estrutural, restrita, de uma teoria linguística do discurso e a semântica estratégica e processual de um modelo cognitivo. A fim de estabelecer coerência local e global, devemos levar em conta, pelo menos, que a omissão de proposições conectadas deve provir do conhecimento do mundo (*scripts*).

Há ainda uma outra razão pela qual uma reformulação mais dinâmica deve ser regida pelos princípios discutidos acima. Vimos que os discursos, simplesmente, não "têm" significados, mas que tais significados são atribuídos a eles, pelos usuários da língua (com base nos processos cognitivos já mencionados) em interação e contexto determinados. Isso significa que a interpretação do discurso é também alguma coisa que as pessoas "fazem", tanto cognitivamente como socialmente. Na conversação diária, isso implica que os interlocutores estão permanentemente ocupados, interpretando o fluxo da conversa, isto é, o turno corrente ou a troca de turno do outro falante, com os objetivos de, semanticamente, conectar este turno, ou troca de turno, às suas próprias contribuições anteriores e obter a informação necessária para efetuar as próximas trocas na conversação. Em outras palavras, o processamento da coerência semântica local pode ser retrospectivo ou prospectivo.

Ao mesmo tempo, contudo, o falante atual, numa conversação, deve monitorar sua própria contribuição para a conversação, para a coerência semântica desta com os turnos anteriores de falante(s) anteriores e deve provavelmente, também, antecipar possíveis interpretações do ouvinte (uma estratégia geralmente chamada "intenção do emissor"). Em outras palavras, falantes e ouvintes atuais não somente cumprem regras gerais de coerência local e global, mas também usam um número de estratégias eficientes, ao cumpri-las. Essas estratégias cognitivas e sociais podem envolver, por exemplo, pequenos cortes interpretativos ou a solução efetiva de dúvidas de interpretação, quando o outro falante aparentemente fala "fora do tópico" ou quando algum turno ou troca de turno parece inconsistente com o turno ou a troca de turno anterior. Estes são exemplos de estratégias de interpretação conversacional. O falante também usa estratégias de produção para permanecer coerente ou para motivar aparentes desvios dos princípios de coerência. Se algum fluxo tópico (macroestrutura) é interrompido por uma boa razão pessoal, contextual ou interacional, isto deve ser indicado na estrutura de superfície do turno (como em *A propósito...* ou *Falando sobre João...*). Igualmente, há um grande número de estratégias semânticas de antecipação. Por conseguinte, quando um falante está expressando uma proposição p, ele ou ela pode perceber que talvez o interlocutor B possa deduzir a inferência q de p. Se aquela inferência não é pretendida, A pode usar uma estratégia para bloquear a inferência, por exemplo, negando q com uma sentença subsequente ou oração começando com *mas* e uma negação.

Na conversa, em que os participantes estão particularmente interessados em evitar conclusões erradas do discurso dos interlocutores, há muitas estratégias, incluindo evasivas, correções, adições e atenuações. É que uma tomada de turno de um falante pode ocasionar uma função semântica estratégica, especial, com respeito a turnos anteriores (ou suas proposições subjacentes): o falante pode reagir quando uma tomada de turno anterior foi brusca demais ou decisiva, pode adicionar algum detalhe explicando por que alguma crença ou opinião foi expressa, ou usar uma troca para uma correção, retomando o que fora afirmado. Tais estratégias semânticas fazem parte do conjunto de estratégias comunicativas e interacionais usadas para manter ou estabelecer certos objetivos, tais como a preservação da face ou autorrepresentação (para detalhes e listas de estratégias, ver Kreckel, 1981).

O ouvinte, numa conversação, pode analisar e interpretar essas estratégias semânticas. Ele ou ela deve determinar o que é proposicionalmente significado por alguma expressão, mas também por que semelhante proposição é expressa num determinado ponto da conversação.

Vamos dar alguns exemplos dos dados que coletamos no contexto de uma pesquisa sobre opiniões étnicas do povo, em Amsterdã, quando estas são expressas (ou não) em entrevistas não diretas (van Dijk, 1983, 1984). É óbvio que, em tais entrevistas, as pessoas têm o cuidado de monitorar muito atentamente o que dizem ou deixam implícito, a fim de estabelecer ou manter a autorrepresentação desejada, de cidadão responsável, tolerante, "refinado" e, ao mesmo tempo, fornecer informação sobre crenças, opiniões, atitudes ou experiências. No seguinte fragmento de entrevista (em tradução aproximada) por exemplo, encontramos uma troca de turno típica de correção:

(8)   ... eles não trabalham, bem, não trabalham, eles fazem trapalhadas com carros e os vendem.

Vemos que o significado da expressão "eles não trabalham" pode implicar uma proposição de longo alcance (como "eles não querem trabalhar" ou "eles são preguiçosos") que pode ser interpretada como uma opinião negativa ou mesmo como um preconceito, de modo que uma correção semântica é necessária, indicada aqui por BEM, com a repetição revista do enunciado errado, e então, o enunciado correto. Este é um exemplo de uma troca semântica tipicamente estratégica (que, contudo, tem igualmente, funções conversacionais e interacionais) na qual a relação entre duas proposições pode ser explicitada pelo nexo funcional de correção. Igualmente, nós encontramos diferentes formas de explanação. Desta maneira, o mesmo falante tenta explicar o fato de que ele tem poucos contatos com as minorias étnicas, primeiro por uma série de argumentos sobre sua própria condição atual e, depois, por atribuir alguma causa ou razão ao outro grupo. Ele primeiramente diz

(9)   ... não pense que uma dessas pessoas está tentando estabelecer contato

utilizando uma estratégia cognitiva direta de bloqueio, num apelo ao ouvinte. O falante deseja impedir a conclusão de que ele é o único responsável pela falta de contato. A fim de manter argumentativamente aquela proposição geral, o falante então apela para várias trocas explanatórias:

(10)   porque eles precisam terrivelmente de sua própria comunidade

em que não somente encontramos um uso estratégico-retórico de um exagero (terrivelmente), mas também, semanticamente, referência a uma razão possível para sua (falta de) ação, e essas referências propostas como razões ou causas funcionam como explanações. Que estas estratégias semânticas e seus objetivos comunicativos são, às vezes, simultaneamente retóricos, vemos no seguinte fragmento, no qual um contraste semântico é expresso entre proposições subsequentes:

(11)   nós não podíamos dormir, e meu marido trabalha, e meus vizinhos não, de modo que eles podiam dar uma festa

Aqui nós temos a oposição semântica entre o desagradável "não poder dormir" e o agradável "dar uma festa", e entre "meu marido trabalha" e "eles não". O contraste semântico opera como uma antítese retórica para tornar mais efetiva (e por isso mais justificável) a opinião negativa sobre o outro (vizinhos negros).

Da mesma maneira, as pessoas, em seu turno conversacional, estabelecem um grande número de conexões semânticas estratégicas entre sentenças ou trocas de turnos, ou entre proposições subjacentes. Elas usam contradições aparentes (Eu não os odeio, mas...); deslocamentos (eu não me preocupo muito, mas as outras pessoas na rua sim), atribuição (como em [9]), as quais ilustram as tão conhecidas estratégias de "acusar a vítima", "negar pressuposições ou implicações" (mas isto não tem importância, eles são inferiores) e assim por diante. Em outras palavras, relações semânticas entre sentenças podem ser usadas estrategicamente, "a fim de transmitir significados precisos ou evitar inferências erradas por parte do ouvinte, e estas estratégias são parte de estratégias mais gerais da conversação e da interação. Logo, elas precisam de mais análises: conversacional, pragmática, retórica e interacional. Sua análise semântica constitui apenas uma dimensão (van Dijk, 1984).

ANÁLISE SEMÂNTICA: ALGUNS EXEMPLOS

Agora, temos algumas das noções teóricas que nos permitem efetuar a análise, descrição ou interpretação semântica do discurso. Deve ser enfatizado, contudo, que as teorias não atingem imediatamente o fenômeno empírico que tentam explicar. Ao invés de oferecer uma discussão metodológica prolixa de alguns problemas pertinentes, por vezes, muito intricados, nós simplesmente resumimos alguns deles nos seguintes pontos, conforme se aplicam à análise semântica do discurso:

1. As teorias e, consequentemente, suas propostas componentes (sobre regras, leis, unidades, categorias, níveis, e assim por diante) são gerais e relativamente abstratas. Portanto, as várias propriedades de uma semântica geral do discurso, por exemplo, as condições de coerência local e global, algumas vezes, não se aplicam ou se aplicam apenas indiretamente aos dados do discurso que obtemos em algum contexto de observação.

2. Nossas hipóteses teóricas sobre a coerência local e global do discurso, em princípio, devem ter uma natureza mais ou menos universal. Contudo, nossa base de dados permite somente generalizações para algumas línguas e culturas (*e.g.*, inglês, holandês, alemão e outras culturas ocidentais). Uma vez que o conhecimento e crenças estão tão profundamente envolvidos na compreensão, a atribuição de significados locais e globais depende frequentemente da variação cultural, e as várias manifestações superficiais de coerência, como discutido acima, podem variar de uma língua para outra.

3. Não fazemos uma distinção sistemática entre discurso oral e escrito. Embora nossas observações particularmente refiram-se ao discurso monológico, os vários condicionamentos de coerência referem-se também ao discurso dialógico. Princípios semânticos adicionais de conexão, distribuição de informação e tópicos podem ser necessários para diálogos e particularmente para a conversação diária, na qual as mudanças de estratégias são especialmente importantes.

4. Fizemos abstração, também, das diferenças entre tipos de discurso, isto é, gêneros. Embora os princípios mais gerais sejam válidos para todo tipo de discurso, pode haver diferenças na marca superficial de coerência, condicionamentos adicionais sobre coerência global ou local, ou propriedades específicas de significado, válidas somente para alguns tipos de discurso (*e.g.*, estórias *vs.* poemas *vs.* anúncios).

5. Não obstante temos enfatizado a importância de diferenças pessoais na compreensão, devido a categorias cognitivas, capacidade de memória e estratégias diferentes, os princípios que formulamos fazem abstração delas. Ao mesmo tempo, analistas e participantes da comunicação textual baseiam a interpretação semântica do discurso concreto em modelos episódicos particulares.

6. Significado e referência são somente um aspecto do discurso, rigorosamente inter-relacionados com traços estruturais de superfície, pragmáticos, cognitivos e interacionais tanto que, também a esse respeito, qualquer análise semântica apresenta a desvantagem de uma descrição parcial.

7. Em adição à variação cultural, individual e interacional dos princípios semânticos discutidos, há um número de condicionamentos sociais, tais como situação social específica, papéis dos participantes, convenções, idade, sexo, *status* e poder. Cada um proporciona traços específicos ou adicionais às condições de significância do discurso.

8. Generalização e abstração também envolvem pressuposições sobre normalidade. Usos e usuários específicos podem não satisfazer esta condição em virtude de condições patológicas (*e.g.*, em discursos de afásicos ou esquizofrênicos), falta de controle (*e.g.*, na linguagem dos usuários drogados ou hipnotizados), ou desvios intencionais com funções específicas (estéticos como no discurso literário; didáticos, como em exemplos; ou desvios retóricos e estilísticos ou variação para propósitos especiais).

9. Finalmente, a teoria está muito longe de ser completa. Há ainda muitos aspectos do significado do discurso que simplesmente não conhecemos ainda ou conhecemos imperfeitamente, de modo que regras ou condições gerais não podem ser ainda formuladas.

Com esses problemas em mente, tentamos, no entanto, mostrar que muitas das propriedades do significado dos exemplos de discurso a seguir podem ser explicadas. Deve ser dito, finalmente, que o objetivo e a função de nossa análise são didáticos, isto é, mostrar como os fragmentos da teoria se ajustam aos dados. Cada análise semântica usada na prática, por exemplo, nas ciências sociais, selecionará os aspectos semânticos que podem fornecer os dados para um objetivo mais abrangente de descrição ou explanação (*e.g.*, em psicoterapia ou pesquisa de comunicação de massa).

Exemplo 1

MULHER AFOGA-SE EM MERGULHO NO RIO – Uma jovem mulher afogou-se quando um carro mergulhou numa represa de 5 metros de profundidade, no rio Severn, muito cheio devido a chuvas, ontem, em Shewsbury. Seu marido e outros ocupantes do carro, um casal, marido e mulher, tentaram escapar quando o veículo flutuou por alguns segundos, antes de desaparecer sob 3 metros de água. Houve falha ao transpor uma curva num lugar onde a margem do rio não tem defesa (*The Times*, 23/11/81).

Esse texto estereotípico, próprio de jornal, sobre um acidente de carro, tem um número de propriedades semânticas específicas que não caracterizam estórias diárias sobre acidentes desse tipo (van Dijk, 1985). Estórias de jornal consideram o que pode ser chamado de estrutura relevante: o que é mais importante ou interessante vem em primeiro lugar e detalhes como as causas ou outras condições e antecedentes vêm por último, de modo que o editor pode eventualmente cortá-los para obter o tamanho desejado (trata-se de uma restrição organizacional). O leitor, então, capta primeiramente a informação mais relevante, antes de ir (ou não) aos detalhes. Este é um condicionamento cognitivo e comunicativo para a disposição da informação no jornal. A partir deste texto, vemos que a disposição temporal (presumida ou reportada) dos fatos não é paralela à disposição das orações no texto que denotam esses fatos: a causa do acidente vem por último e a consequência final (a qual tornou válida a notícia do acidente), a morte da mulher, vem em primeiro lugar. O conjunto das várias proposições desse texto define, com base em nosso conhecimento do mundo sobre acidentes, o que acontece com carros em rios, o tema total, isto é, a macroestrutura, como está parcialmente expressa no título.

A primeira sentença, composta de uma oração principal inicial e uma oração subordinada declarando a causa da morte, o lugar e o tempo do acidente (que tipicamente vêm por último, ao contrário dos outros tipos de estória), pode ser tomada como a mais completa expressão desta macroestrutura subjacente. Tal sentença temática tem uma natureza um tanto independente. Ela não pode ser ligada à sentença seguinte simplesmente pelos conectivos *quando* e *então*. Ao contrário, a sentença seguinte (O marido...) está ligada funcionalmente à primeira sentença, porque consiste numa especificação do mergulho do carro no rio; ela introduz os participantes e seu infortúnio. Ainda, ao mesmo tempo, com respeito a proposição "um carro mergulhou numa represa de 5 metros no rio", esta segunda sentença expressa uma possível consequência da proposição anterior. A coerência local entre as sentenças é precisamente marcada pelo sintagma nominal definido O CARRO e pelo pronome possessivo (seu/dela) relacionando mulher e marido (também pelo conhecimento do mundo sobre tais relações). Que um carro está "flutuando" é uma consequência específica de uma circunstância especial em que um carro está na água, e as mesmas considerações para "desaparecer sob a água"; a ação dos participantes "tentaram escapar", faz parte, também, do *script* específico do acidente de carro. A última sentença, mencionando a causa do acidente, fornece a informação estereotípica sobre as causas possíveis de carros caírem num rio (curva na estrada, ausência de defensa). Posto que a ordem das proposições expressas é específica para os textos de noticiário, neles não se levam em conta os critérios normais para a conexão condicional. As proposições respectivas, conforme o *script* do acidente, permitem a derivação de uma macroestrutura, como é expressa no título e na sentença principal, de modo que o texto se torna também, globalmente, coerente. O relato dos fatos é, ulteriormente, indicado pela identidade de indivíduos, particularmente, a mulher e o carro, quando expressos por pronomes (seu/dela – ele), por artigos definidos (o carro), e por sinônimos (o veículo). Os conceitos de "marido" e "ocupantes" são expressos em sintagmas nominais definidos, devido a pressuposições derivadas do conhecimento de mundo, especialmente, que uma mulher pode ter um marido e que carros podem ter outros ocupantes. O uso de OUTROS consiste também num marcador de coesão, implicando que a mulher e seu marido eram também ocupantes do carro.

Observe-se que a estrutura informacional do texto segue as regras usuais. Os conceitos de "mulher" e de "carro" são introduzidos como tópicos nas primeiras orações, pelos artigos indefinidos (o que significa que o título não é considerado como uma sentença prévia). As mesmas atribuições para "marido" e outros "ocupantes" na sentença seguinte. Isto significa que os critérios para a articulação de sentenças em tópico-comentário requerem uma análise específica para a introdução do tópico. Sintagmas nominais indefinidos em posição inicial, especialmente aqueles que denotam indivíduos humanos como experienciadores ou agentes, são interpretados como novos tópicos, uma estratégia de interpretação que pode certamente ser falsificada por interpretação posterior da sentença e do texto. Estritamente falando, as únicas entidades conhecidas na primeira sentença são as locações (Severn e Shewsbury), as quais, formalmente falando, fazem do resto da sentença a informação nova e, portanto, o comentário.

Exemplo 2

e a criancinha veio por..., e ele... e ele... hesitava, mas então ele roubou,... uma das cestas de peras... e a pôs em sua bicicleta e foi-se... E como ele era... descendo a e... esta... esta uh... estrada suja, .../ela/, estava cheia de pedras... você podia ouvir... o rangido das pedras,... u-m... esta outra garotinha de tranças... tranças pretas... pedalava por... e ele inclinou seu chapéu para ela... e quando ele fez aquilo, perdeu seu chapéu... e colidiu com uma gran-de pedra, e as... peras derramaram-se todas (dados e transcrição de Tannen, 1980).

Novamente uma estória sobre um acidente (terrestre), desta vez apresentada num relato oral e um filme experimental. Como observamos acima, trata-se de uma estória do cotidiano, bastante natural (apesar de ser um relato dos eventos de um filme e não de fatos reais), que segue mais ou menos a ordem dos fatos denotados.

O começo da estória inserida do acidente está ligado com o fim de uma estória anterior sobre uma criança numa bicicleta, que roubou uma cesta de peras. A primeira estória respeita perfeitamente a ordem condicional das proposições e fatos: um menino vem numa bicicleta, hesita, rouba peras, põe-nas em sua bicicleta e vai-se. Observe que vir andando de bicicleta é a situação inicial (a qual é uma categoria da narrativa) da primeira estória, depois da qual as sentenças subsequentes especificam a complicação (o furto). A hesitação é uma condição normal para roubar (conhecimento do mundo) e "colocar alguma coisa roubada em sua bicicleta" é um componente normal da ação de roubar, enquanto "ir-se" é a consequência normal de fim.

Num contexto narrativo mais amplo, esta pequena estória funciona novamente como o *background* e, portanto, como a situação da estória seguinte, sobre o acidente da bicicleta: o participante principal e o fato de que ele está pedalando uma bicicleta, levando uma cesta de peras, foram introduzidos. Esta situação é expressa explicitamente em: *E ele estava descendo a... estrada*, a qual semanticamente falando é uma especificação de "locomover-se" e, ao mesmo tempo, uma condição para os fatos seguintes. Interpolado, temos um exemplo típico de sentença funcionalmente coerente "(a estrada) estava cheia de pedras, você podia ouvir o estalo", a qual não é uma consequência da sentença anterior mas, mais precisamente, uma especificação do tipo de estrada (uma estrada de pedregulhos) e uma especificação das observações do narrador. É que, na narração linear dos fatos, o narrador pode inserir percepções, interpretações ou avaliações específicas para explicar o que se passou. Ao mesmo tempo, contudo, esta sentença funcional serve como a introdução da informação, que é a condição para o último fato (colidiu com uma pedra grande). Segue-se a introdução de outro participante (com o demonstrativo narrativo para novos participantes, *esta outra*, e a ação na qual ela é envolvida (pedalando), a ação de inclinar o próprio chapéu, colidir numa pedra grande e derramar as peras, o que consiste numa sequência condicional (causal) possível.

Observa-se que a ação de inclinar o próprio chapéu repetida *em* e *quando ele fez aquilo*, talvez deva ser interpretada casualmente, não temporalmente, em relação às sentenças seguintes. A repetição pode, entre outras funções narrativas e conversacionais, ser motivada pela estratégia de produção de marcar a causa especial de algum acontecimento. Outra observação necessária para a análise semântica é o fato de que a sentença causal não é estritamente completa (van Dijk, 1977). Embora os estados e ações reportados sejam bastante detalhados, o narrador normalmente deixa fora muitos componentes intermediários de fatos e ações, os quais, supõe-se, são deriváveis do conhecimento de mundo, por parte do ouvinte. Assim, não está estabelecido que o menino foi até a cesta de peras, nem que ele largou sua bicicleta para fazer isto, nem que ele olhou a garota, nem que ele acabou caindo com a sua bicicleta e a cesta. Em outras palavras, mesmo uma ação principal decisiva pode, algumas vezes, ser omitida, se as condições e as consequências são dadas. Dado nosso conhecimento de mundo, então, as sequências textuais não precisam ser completas para ser condicionalmente coerentes: os laços de coerência podem ser reconstruídos, formal ou cognitivamente, a partir de proposições, em nossa memória.

Deste modo, no nível local, obtemos a coerência semântica por meio de: (1) proposições denotando fatos relatados condicionalmente; (2) especificações funcionais de objetos; e (3) proposições expressas ou implícitas que atualizam o conhecimento geral do *script* sobre paisagens, estradas, pedras, bicicletas e as causas de cair da bicicleta, enquanto que a ordem das sentenças expressando essas proposições é uma versão linear mais direta das conexões entre os fatos (não há evocações, nem explanações retrospectivas, nem previsões, que podem ocorrer em estórias), com exceção de um enunciado de percepção, inserido (Você pôde ouvir...). A articulação tópico-comentário das respectivas sentenças é também direta: *criancinha, ele... ele*, expressam o agente tópico em posições iniciais, o que é um caso canônico. A meio caminho, um novo tópico é introduzido no curso normal (ver acima), mas a sentença seguinte novamente põe ELE na posição inicial, no papel de agente e como tópico primário. Visto que SEU é um pronome, o indivíduo é conhecido e, portanto, também, formalmente, é uma função tópica: é o par (*ele, sua*) que expressa o tópico complexo. O fato de *ele* estar, todavia, em posição inicial e não *ela* (elemento citado por último), pode ser explicado pela proeminência textual e sequencial de "o menino": ele é o tópico sequencial e o agente da macroproposição, portanto, parte do discurso tópico. Atores principais têm precedência tópica sobre atores secundários na estrutura da sentença, especialmente quando envolvidos como agentes numa ação (aqui, a ação não pode mesmo ser expressa por uma sentença na forma passiva).

Observa-se, também, que uma série de sintagmas nominais aparece na forma definida, embora os indivíduos a quem esses sintagmas se referem não sejam introduzidos previamente. Já mencionamos o uso indefinido do narrativo *este*. *Cestas* foi introduzido no topo da estória, enquanto *estrada* tem um artigo definido, porque há justamente uma estrada na cena do filme.

Um dos traços específicos desta estória é sua integridade semântica relativa. Ela tem informações que, nas estórias diárias normais, não seriam, talvez, mencionadas; por exemplo, o fato de que a estrada era suja, de que a garota usava tranças, e que estas eram pretas. O contexto especial, recontando uma estória de filme, não somente requer que o narrador seja relevante, mas também, que detalhes do filme sejam reproduzidos. De fato, muitas outras estórias desse tipo de experiência não mencionam esses detalhes, mas escolhem os fatos mais relevantes: pedalar uma bicicleta com uma cesta de peras, uma garota vindo, olhar para a garota, bater numa pedra, espalhar as peras[4].

A coerência global dessa passagem pode ser construída como duas macroproposições, "O menino roubou uma cesta de peras" para a primeira estória e "O menino olhou uma garota, colidiu numa pedra com sua bicicleta e caiu", para a segunda. Visto que as estórias têm várias categorias narrativas principais, como situação, complicação e resolução, cada uma dessas categorias deve estar conectada com a macroproposição (Chafe, 1980), de modo que uma macroestrutura completa de uma estória, tanto quanto um resumo adequado deve ter, pelo menos, tantas macroproposições como categorias narrativas. Fundamentando-se em conhecimento do mundo sobre roubar e acidentes com bicicleta, somos capazes de suprimir detalhes irrelevantes (*e.g.*, a cor do cabelo da menina) e de construir condições (hesitar) e componentes (perder seu chapéu) para uma proposição mais global de ação. Em geral, então, a análise semântica de uma macroestrutura numa estória deve ser explicitada em relação às funções narrativas de certas unidades do discurso, tais como os parágrafos. Ocorre que ações podem ser mais importantes do que detalhes descritivos, pelo menos em estórias comuns.

Exemplo 3

UM PEQUENO PLUGUE PARA UMA NOVA TOMADA DA BRITISH TELECOM

Na British Telecom estamos muito orgulhosos de nós mesmos. Nosso novo plugue e a tomada vão revolucionar o modo de você usar o telefone.

Brevemente ele será fixado num lugar. Graças ao nosso pequeno dispositivo, você poderá fazer e receber chamadas de onde desejar.

De agora em diante, ele será a adaptação-modelo com todas as extensões novas que nós instalamos em casa.

Enquanto fazem essa tarefa, nossos engenheiros converterão alguns aparelhos públicos existentes.

E eles ficarão felizes por colocar tomadas-extra em alguns outros cômodos que você prefira, por uma pequena taxa.

Além de tornar possível movimentar os fones, o novo plugue e a tomada tornam mais fácil e mais barato substituir um fone por outro.

Eventualmente, todos os fones novos usarão o sistema, o qual foi desenvolvido exclusivamente pela British Telecom.

É o começo de nossos grandes planos para os anos 80.

Uma análise semântica deste anúncio (*Times*, 23/11/1981) segue os princípios explicados e aplicados acima.

No nível da coerência local, temos as seguintes conexões. Uma relação funcional de explanação entre a primeira e a segunda sentença (e o resto do texto): apresenta-se uma razão pela qual a BT está orgulhosa. Entre a terceira e a segunda sentença, temos também uma relação funcional: o predicado global "para revolucionar o modo como você usa seu telefone" é explicado pela informação de que o plugue novo e a tomada, brevemente, estarão fixados num lugar, de modo que será possível ter o telefone móvel em vários lugares de sua casa. A quarta sentença é uma consequência desta terceira sentença. A sentença seguinte dá uma generalização funcional para este uso particular: ele será instalado em todas as casas. Daí, segue-se uma especificação geral de que a conversão será grátis e que tomadas-extra serão instaladas por uma pequena taxa. Outra razão (repetindo a anterior como uma pressuposição) é dada na explanação seguinte (mais fácil e mais barato substituir fones). A próxima generalização estende conexões a todo fone e acrescenta a qualificação para o plugue: exclusivo da BT. Finalmente, temos outra generalização, desta vez a ação de instalar um plugue novo e a tomada para um PLANO PARA OS ANOS 80 mais geral.

No nível global, a coerência é estabelecida pelo título do anúncio: *um pequeno plugue para uma nova tomada da British Telecom*. O texto do anúncio fornece detalhes, tais como razões e consequências da ação geral de instalar um novo dispositivo e, ao mesmo tempo, explica que este é um dos planos revolucionários da BT. Retoricamente interessante é o (aparente?) contraste entre "grandes planos" e "revolucionário", por um lado, e o tamanho e simplicidade do novo dispositivo (um plugue). Este contraste está também expresso num desenho, no qual o minúsculo plugue contrasta com uma mão humana muito grande.

A coerência local entre as respectivas sentenças não é marcada por conectivos – a maioria das conexões é funcional – mas por justaposição, apenas. Ela é marcada por vários meios coesivos mencionados anteriormente, por exemplo, *Nós-nosso* nas sentenças 1 e 2, *novo plugue* e *tomada* e *ele* nas sentenças 2 e 3, e *pequeno dispositivo* como uma paráfrase na sentença 4. Interessante é o *it* (*It's the beginning*) na última sentença. "(Este) é o começo...", o qual não correfere estritamente com o plugue novo e a tomada mas, antes, com a macroproposição "nós instalaremos um novo sistema para todos os telefones".

Outra conexão de coerência é o tratamento você, para o leitor ou o assinante da lista telefônica, o qual torna a mensagem mais pessoal. A coerência deve ser também construída em relação ao nosso conhecimento do mundo, precisamente, nosso conhecimento sobre telefones, sobre companhias de telefone e sobre tecnologia. Esse conhecimento nos permite associar tais conceitos como "fone", "plugue" e "tomada", "extensão", "em casa", "pequeno dispositivo", "instrumentos" e "engenheiros". A função pragmática geral do discurso do anúncio é recomendar ou sugerir o uso de novos artigos ou serviços (Dyer, 1982). Isso significa que um anúncio deve especificar: (1) quais as (superiores) qualidades do artigo ou serviço, (2) comparação com outros artigos ou com artigos anteriores e (3) razões para usar o artigo e, opcionalmente ou implicitamente, fazer uma generalização sobre as qualidades dos produtos de um ramo específico. No exemplo, as avaliações positivas do produto e a ação para apresentá-lo ao público podem ser generalizadas (por uma macrorregra) a partir dos predicados "orgulhosos", "novo", "revolucionário", "graças a", os respectivos predicados sobre "fácil de usar" e "grande plano para os anos 80". A comparação é expressa por, *brevemente, ele será fixado em algum lugar* e a razão por que *você poderá... e torna mais fácil e mais barato substituir um fone por outro.*

Um contra-argumento possível (custa dinheiro) é encontrado com a informação de que o crediário é acessível para instrumentos reais e de que somente uma pequena despesa cobrirá extensões adicionais. Vemos que, além da coerência semântica nos níveis local e global, há uma estrutura argumentativa geral, um tipo de superestrutura como a estrutura, narrativa dos nossos primeiros exemplos, sugerida pelo texto (ver van Dijk, 1978, 1980).

As macroconclusões gerais para o argumento podem ser "Use o nosso novo plugue", "Telecom é uma boa companhia", ou então, "tenha um telefone instalado em sua casa". A premissa geral (um fato) é que a Telecom está planejando uma revolução tecnológica: o uso de fones móveis em casa. Vários fundamentos são dados para este fato geral: um fato específico (um novo plugue) e razões para usá-lo (manuseio, barato), um reforço geral implícito para o argumento (se um plugue é móvel, então é mais fácil usar o fone). Vemos, contudo, que a semântica dos anúncios é organizada não somente pela coerência local e global de fatos relatados, mas também pela organização superordenada de um esquema argumentativo. É também característico desse tipo de discurso (ver *e.g.*, Dyer, 1982, para detalhes) que as proposições denotam não somente fatos reais, como "estamos orgulhosos de nós mesmos", mas também possibilidades futuras, como as ações possíveis dos usuários (a maioria das sentenças têm tempos no futuro).

Exemplo 4

  1 sim é um país agradável
  2 se estiver gelado
  3 (meu adorado)
  4 vamos abrir o ano
  5 tanto é muito tempo
  6 (não também)
  7 meu tesouro
  8 quando as violetas aparecem
  9 o amor é uma estação mais profunda
10 do que a razão
11 meu doce alguém
12 é abril onde estamos (Cummings, 1963, p. 64)

A estrutura semântica deste poema moderno é mais complicada e não segue as regras mencionadas neste capítulo, pelo menos não de maneira direta (ver van Dijk, 1972; Gutwinski, 1976, para a análise semântica do discurso literário). Não temos sentenças completas com a estrutura sintática reconhecível, alguns dos sintagmas não parecem bem-formados e as proposições e fragmentos não são literalmente significativos (sim é um país adorável). A análise semântica, então, exige alguns princípios adicionais neste caso. A estrutura de superfície, além de ser semigramatical, não é, necessariamente, uma expressão linear de proposições ou fatos. Ela pode expressar também estruturas prosódica, métrica ou espacial (ritmo, organização dos versos, organização das estrofes, etc.). Como para a estrutura semântica, não há proposições completas diretas, nem uma ordem condicional ou funcional específica. É que a coerência local e global podem ser reduzidas à mera coerência conceitual, ou seja, relações entre conceitos particulares, por exemplo, pelas conexões associativas mencionadas no começo deste capítulo. Isto pode significar que a base referencial (frequentemente funcional ou, pelo menos, não intencionalmente ou recuperavelmente realística) é também fragmentária e limitada para alguns objetos individuais, associados e algumas de suas propriedades.

Conforme nosso conhecimento do mundo (*scripts*), podemos achar conexões entre "país", "gelado", "ano", "tempo", "violetas aparecem", "estação" e "abril". Esta série conceitual, como devemos chamá-la, sugere uma altíssima ordem e contraste conceitual entre "inverno" e "primavera". Paralela a esta, está o "amor", série composta pelos conceitos "meu adorado", "meu tesouro", "nós", "amor" e "meu doce alguém". Ambas as séries são fundamentalmente estereotípicas: há um conhecimento geral pressuposto sobre poemas tradicionais de amor em que estações ou paisagens são comparadas aos caprichos das pessoas no amor (como nas linhas 9-10). Embora seja possível dar mais interpretações das frases ou orações e das proposições que elas expressam, a análise superficial não admite mais do que esse tipo de coerência conceitual em ambos os níveis local e global.

CONCLUSÕES

Nossas análises de quatro discursos, embora muito informais e incompletas, demonstraram que os princípios mais importantes esboçados na seção teórica são obedecidos nestes discursos, mas que as propriedades semânticas adicionais para contextos específicos e gêneros de textos devem ser mais trabalhadas. Nestes termos, o texto de jornal mostrou que a ordem semântica não é primariamente determinada por uma estrutura condicional de fatos, mas, ao contrário, pela coerência funcional baseada na relevância: a informação importante vem em primeiro lugar e os detalhes, tais como as causas, os componentes ou as consequências são mencionados por último. As relações entre os fatos são construídas com base em nosso conhecimento de mundo sobre acidentes, enquanto a estrutura superficial coesiva é caracterizada por pronomes correferenciais, paráfrases ou possessivos. A estória espontânea, por outro lado, é organizada por conexões adicionais, que denotam causa ou permitem relações entre os fatos. As ações componentes não são mencionadas, mas são deixadas para a inferência do leitor, a partir do conhecimento de mundo, embora tarefas específicas possam induzir o narrador a ser supercompleto: isto é, a especificar detalhes que normalmente seriam irrelevantes para as narrativas espontâneas.

O anúncio de jornal também tem uma estrutura global, a da argumentação, e uma estrutura de coerência local, que é predominantemente funcional: são dadas especificações de novos produtos trazidos ao mercado, com explanações de que o uso de tais produtos é benéfico. Tipicamente, o significado total está no ato de fala global de recomendação ou conselho, o qual é também marcado pelos tempos no futuro contínuo direcionados ao leitor (tratado como você). Finalmente, há um predicado positivo total sendo gerado para o produto recomendado. O poema moderno, finalmente, não tem uma coerência proposicional clara, quer condicional quer funcional. Ao contrário, há o estabelecimento do que pode simplesmente ser chamado de coerência "conceitual", manifestando-se por séries de conceitos contrastivos do mesmo *script* ou ordem semântica. Estas séries podem ser organizadas por macrorregras que fornecem os temas globais do poema (mudança de estação, amor), embora tal estrutura seja também fragmentária, consistindo de conceitos isolados, ao invés de proposicionais. Exceto para alguma coesão lexical e alguns pronomes, não há traços de superfície que apresentem coerência proposicional.

Uma série de conclusões podem ser tiradas sobre a natureza da análise semântica do discurso:

1. Os discursos são, em princípio, caracterizados por um significado global ou macroestrutura, que formaliza o tema ou tópico do discurso como um todo. Tal estrutura pode ser frequentemente expressa pelos títulos ou cabeçalhos, ou por posição temática inicial ou por sentenças sintéticas finais. As proposições da macroestrutura são derivadas por macrorregras (tais como supressão, generalização, e construção), a partir das proposições expressas pelo texto e do conhecimento ativado do mundo. Sem uma macroestrutura semântica, mesmo que fragmentária, não há coerência global e, portanto, nenhum tema para o discurso. As macroestruturas podem ser mais precisamente organizadas por uma ordem geral de princípios (um tipo de sintaxe específica do discurso), a qual também especifica as funções esquemáticas ou categorias das partes (*e.g.*, parágrafos) do texto, tais como, situação, complicação e resolução, numa estória, ou premissas e conclusão, num argumento (ou num anúncio ou discurso científicos); o discurso de jornal oferece primeiramente os fatos principais, principalmente conclusões ou consequências, seguidas por causas, acontecimentos anteriores, explanação e ambiente ou contexto. Em outras palavras, o significado global do discurso tem uma dupla função: fornece o conteúdo semântico para as categorias esquemáticas que são típicas de um gênero específico de discurso e, ao mesmo tempo, fornece a base para o estabelecimento da coerência local. É que a macroproposição contém os conceitos pelos quais o conhecimento do mundo associado (*scripts*) é ativado para interpretar as sentenças e palavras do discurso.

2. A coerência local do discurso deve ser formulada em termos de relações proposicionais, que denotam relações entre fatos em algum mundo possível. Essas relações podem ser condicionais (denotando relações condicionais entre fatos) ou funcionais (mostrando relações entre a informação fornecida e a informação anterior).

3. Há condicionamentos de ordem geral sobre proposições e sentenças. Esses condicionamentos levam em conta a ordem condicional, temporal ou espacial dos fatos e percepções, e a relevância cognitiva e pragmática dos fatos.

4. A coerência local e global do discurso é expressa pelas propriedades de superfície do discurso, tais como organização de oração, ordem das orações, ordem das sentenças, conectivos, pronomes, advérbios, tempos verbais, identidade lexical, paráfrases e artigos definidos.

5. A coerência local pode também servir a várias funções pragmáticas, estilísticas e retóricas, como para conectar atos de fala, estabelecer funções para atos de fala (como concluir, exemplificar, contrastar), marcar funções didáticas do discurso, assinalar funções estéticas (pela falta de coerência proposicional, como num poema moderno), ou enfatizar a função retórica, persuasiva de um anúncio.

6. Cada oração e cada sentença é marcada por sua função no interior da sequência comunicativa da distribuição da informação: parte da informação semântica já é conhecida, ou é inferível, enquanto outra parte é apresentada como nova. Desse modo, um esquema tópico-comentário é imposto à representação semântica das sentenças e expresso, dependendo da língua e do contexto, pela ordem das palavras, traços morfológicos, intensidade, entonação, frases sintáticas fixas, deslocamento de frases para a esquerda ou direita, por pronomes ou outros pró-elementos no nível sintático e por papéis de participantes (*e.g.*, agente) no nível semântico. Para cada etapa do desdobramento da sequência textual, oferece-se ao leitor a informação que, cognitivamente, deve ser mantida na Memória de Curto Prazo ou (re)ativada por predicação. Observou-se que, apesar de ser possível a constante mudança de tópico, há, frequentemente, uma estratégia para apoiar a emissão do tópico sentencial, o que pode ser chamado de "coerência tópica" através do discurso. Desse modo, o aparecimento de tópicos sentenciais pode resultar em tópicos sequenciais, os quais podem ser candidatos a uma posição participante, frequentemente de agente, na macroproposição do discurso.

7. Esse tipo de análise semântica é altamente abstrato, restrito e geral. Ele abstrai a partir do processo cognitivo concreto, não explica o conhecimento, as crenças ou outros sistemas cognitivos envolvidos e desconsidera a informação pessoal ou subjetiva (recordações, objetivos, interesses, tarefas); estuda o significado e a referência separadamente da pragmática dos atos de fala, do esquema superestrutural, da efetividade retórica e, consequentemente, de todo contexto sociocultural. Mostrou-se, por alguns exemplos, contudo, que essas múltiplas conexões existem entre os significados do discurso e seu usos atuais na comunicação.

Para resumir os vários aspectos do significado do discurso que se podem explicar nesta semântica (linguística), fornecemos o seguinte esquema dos principais componentes de uma análise semântica do discurso:

NOTAS

1. Em lugar de "coerência", outros termos têm sido usados para denotar relações semânticas definindo a unidade do discurso, por exemplo, "coesão" e "conexividade". Seguindo o uso agora estabelecido na maior parte da literatura, nós aqui fazemos distinção entre coerência semântica, como um princípio geral, e coesão da estrutura de superfície, tomada como o sistema de expressão da coerência. A "conexão" é usada como um aspecto particular da coerência, especialmente da coerência local, como relacionamento semântico linear entre proposições. Ver Beaugrande e Dressler (1981) para uma discussão desses vários termos.

2. Para a coerência condicional, ver van Dijk (1977); para trabalho sobre inteligência artificial e discurso, ver Schank e Abelson (1977). A coerência funcional é estudada em van Dijk (1977, 1981), depois do trabalho anterior de Grimes (1975) e B. Meyer (1976), que falam de "relações retóricas". Ver também P. G. Meyer (1975) sobre laços funcionais entre sentenças, e Reichman (1981) para tais relações no diálogo.

3. Para algumas referências da vasta literatura sobre as relações tópico-comentário nas sentenças e sobre as análises funcionais em geral, ver van Dijk (1978), Givón (1979b), Li (1976), Sgall, Hajicová e Benesová (1973). Ver van Dijk (1972, 1977, 1981), para as dimensões textuais das estruturas de tópico-comentário. Há alguma confusão terminológica e teórica nesta área; algumas vezes, o termo "foco" é usado em lugar de "comentário", apesar de "foco" ser também usado de diferentes maneiras. Para os aspectos cognitivos, ver Clark e Haviland (1977), Reichman (1981), e van Dijk e Kintsch (1983).

4. Para o papel do conhecimento de mundo e sua possível integração para a representação do discurso na memória, ver Schank e Abelson (1977), Kintsch e van Dijk (1978), Bower, Black e Turneer (1979) e den Uyl e van Oostendorp (1980). Neste último estudo, mostra-se que as várias propostas variam de acordo com a quantidade de conhecimento necessária e a necessidade de integrá-lo para a representação do discurso na memória: necessitamos com efeito de uma estratégia viável, de representações completamente coerentes para a compreensão, ou temos uma compreensão confusa, com coerência parcial.

CONTEXTO E COGNIÇÃO[*]
(Frames do Conhecimento e Compreensão dos Atos de Fala)

OS FUNDAMENTOS DA PRAGMÁTICA

O estudo filosófico e linguístico da pragmática exige uma análise dos seus fundamentos. Essa base das teorias pragmáticas é, por um lado, conceitual, como na análise da ação e interação; e, por outro, empírica, como na investigação das propriedades psicológicas e sociais do processamento linguístico na interação comunicativa.

Uma teoria cognitiva do uso linguístico constitui um componente fundamental de uma teoria integrada da interação comunicativa através de uma língua natural. Tal teoria cognitiva oferecerá *insights* não apenas sobre os processos e estruturas envolvidos na produção real, compreensão, armazenamento, reprodução e outros tipos de processamento das sentenças e discursos, como também sobre as formas de planejamento, execução e compreensão dos atos de fala.

Em particular, uma teoria cognitiva da pragmática terá que elucidar quais as relações existentes entre os vários sistemas cognitivos (conceituais) e as condições de adequação dos atos de fala aos seus contextos de ocorrência.

A par dos sistemas de crenças, desejos, preferências, normas e valores, os sistemas de conhecimento convencional desempenham um importante papel para essa adequação. São, por assim dizer, a

---

[*] *In* VAN DIJK, T. A. *Studies in the Pragmatics of Discourse.* Mouton Publishers, 1981. Tradução de Cláudia Mendonça de Oliveira.

base e ao mesmo tempo as condições sociais para os demais sistemas na comunicação. Nos estudos sobre inteligência artificial, por exemplo, esses sistemas são tratados sob o rótulo de *frames*. Uma das tarefas de uma teoria pragmática cognitiva é justamente especificar como somos capazes de executar e compreender os atos da língua e de agir sobre essa compreensão, uma vez que ela está relacionada com os frames cognitivos.

A NATUREZA COGNITIVA DAS CONDIÇÕES PRAGMÁTICAS

Nas teorias clássicas sobre os atos de fala, as condições de adequação são usualmente de natureza cognitiva e incluem condições como:

i. O falante sabe que P
ii. O falante acredita que P
iii. O falante quer que P
iv. O falante considera bom que P

As concepções envolvidas em tais condições são tratadas na pragmática como premissas: elas não são analisadas nem de forma mais profunda, nem do ponto de vista conceitual – ex.: nem em termos de uma lógica epistemológica, nem empiricamente. É evidente, porém, que uma teoria pragmática que pretenda ser empiricamente relevante deveria analisar devidamente esses vários conceitos em nível psicológico, isto é, em termos de descobertas experimentais ou simuladas (artificiais).

Mais especificamente, dever-se-ia investigar quais os processos cognitivos subjacentes à noção de adequação que se estabelecem nos contextos comunicativos. Em que medida as condições formuladas constituem "idealizações", isto é, qual a distância entre essas condições e a verdadeira aceitação/compreensão dos atos de fala?

Embora as condições pragmáticas tenham uma base cognitiva, dever-se-ia ter em mente que a razão fundamental de uma teoria pragmática da língua é estabelecer relações entre os enunciados (e, portanto, a gramática) e a interação (e, portanto, as ciências sociais). Isso pode significar, por exemplo, que seja o que for que o falante realmente saiba, pense ou queira, isso será irrelevante, a não ser que o seu comportamento possa ser interpretado da mesma forma e, portanto, seja socialmente entendido como tal, exteriorizando assim esses vários estados interiores.

Essa observação metodológica não implica, entretanto, que a análise cognitiva dos conceitos pragmáticos seja irrelevante. Ao contrário, uma comunicação verdadeira, de fato, envolve conhecimento real, crenças e desejos. Há mesmo uma condição geral – a da sinceridade – que exige uma vinculação direta entre o que é pensado, etc., e o que é exteriorizado.

De forma mais abrangente, poder-se-ia mesmo dizer que as condições sociais relevantes envolvidas nas formulações das regras pragmáticas, como nas relações de autoridade, poder, papel e polidez, operam sobre bases cognitivas. Isto é, elas só são relevantes na medida em que os participantes têm conhecimento dessas regras, podem usá-las e são capazes de relacionar suas interpretações sobre o que está ocorrendo na comunicação às características sociais do contexto.

COMPREENSÃO PRAGMÁTICA

Uma teoria pragmática oferece regras para a interpretação pragmática. Ou seja, dados certos enunciados de uma língua natural, a teoria pragmática irá especificar as regras que atribuem um certo ato de fala ou força ilocucionária a cada enunciado, com base na estrutura particular do contexto pragmático.

No momento, porém, esta tarefa é mais um programa do que realidade. Já temos algum conhecimento sobre vários atos de fala, mas ainda sabemos muito pouco sobre a sistematicidade das suas relações com as estruturas (gramaticais e outras) dos enunciados. Essas relações são mais evidentes no uso de performativos explícitos, certas partículas, as formas sintáticas das sentenças (afirmativa, interrogativa e imperativa) e nos conteúdos proposicionais das sentenças.

Uma vez que ainda não sabemos muito, temos pouco a oferecer a uma teoria mais geral da compreensão pragmática, a qual faz parte de uma teoria cognitiva do processamento da informação. A compreensão pragmática constitui-se de uma série de processos, através dos quais os usuários da língua, reciprocamente, atribuem aos seus enunciados atos convencionais particulares, isto é, forças ilocucionárias. O problema, portanto, é o seguinte: como o ouvinte realmente sabe que, ao produzir tal sentença, o falante está fazendo uma promessa ou uma ameaça? Que informações devem ser passadas para o ouvinte a fim de que ele seja capaz de atribuir à sentença uma determinada força ilocucionária?

Obviamente, essas informações podem vir de vários pontos e através de vários canais:

a. propriedades das estruturas dos enunciados (como quando determinadas por regras gramaticais);

b. propriedades paralinguísticas, tais como velocidade, ênfase, entoação, tom, etc., além de gestos, expressões faciais, movimentos corporais, etc.;

c. observação/percepção real do contexto comunicativo (presença e propriedades dos objetos, pessoas, etc.);

d. conhecimentos/crenças já armazenados na memória a respeito do falante e suas idiossincrasias, ou sobre outras características da situação social;

e. em particular, conhecimentos e crenças relativas aos tipos de interação em curso e estruturas dos contextos precedentes à interação;

f. conhecimentos/crenças derivados de atos de fala precedentes, *i.e.*, partes precedentes do discurso, tanto no nível micro (ou local) quanto no nível macro (ou global);

g. semântica geral, em particular a convencional, conhecimentos sobre inter-(ação), regras, etc. – em especial aquelas da pragmática;

h. outros tipos de conhecimento de mundo (*frames*).

É exatamente o fato de todos esses componentes poderem estar envolvidos na compreensão pragmática que justifica o conhecido *insight* de que, frequentemente, somos incapazes de atribuir uma força ilocucionária definitiva com base apenas em uma compreensão (semântica) do enunciado (sentença):

(1)   Eu virei amanhã!

O enunciado acima pode funcionar como uma promessa, uma ameaça, um aviso/declaração, etc. Uma força específica ou função só poderá ser definida se o contexto comunicativo fornecer informações sobre se o falante tem certas obrigações, se o ouvinte tem determinados desejos, se a ação representa algum benefício para o ouvinte, etc. Todas essas informações devem ser detectadas através de complexos processos de compreensão de atos precedentes, enunciados, observações e suposições já armazenadas ou inferidas, etc.

77

A questão é, então, saber exatamente como todos esses processos estão relacionados.

FRAMES E ATOS DE FALA

A verdadeira compreensão dos enunciados como realizando determinados atos de fala se baseia em um complexo processo que envolve o uso de vários tipos de informações já mencionados acima. Entretanto, a compreensão de certos índices observáveis deveria ser demonstrada em termos de conhecimentos mais gerais: a compreensão envolve conceitos gerais, categorias, regras e estratégias.

Esse conhecimento geral não é amorfo, e sim organizado em sistemas conceituais. Uma das formas de explicar essa organização seria em termos de *frames*[1]. *Frames* não são 'porções' arbitrárias do conhecimento. Antes de tudo eles são unidades de conhecimento, organizadas segundo um certo conceito. Porém, ao contrário de um conjunto de associações, tais unidades contêm as informações essenciais, típicas e possíveis, associadas a tal conceito. Ademais, os *frames* parecem ter uma natureza mais ou menos convencional e portanto deveriam especificar o que é característico ou típico em uma certa cultura. Esse critério parece selecionar de maneira especial certos 'episódios' da interação social, tais como ir ao cinema, viajar de trem ou comer em um restaurante. Embora devamos também chamar de *frames* o conjunto de unidades epistemológicas que temos sobre livros, bolas e bananas, tais unidades – como tal – não organizam a nossa compreensão de mundo da mesma maneira que os *frames* conceituais – assim como os definimos – isto é, organizando nosso comportamento como no *frame* (também chamado *script*) que temos sobre descontar um cheque ou fazer compras.

Embora a distinção entre meros conceitos e a organização tipo *frame* sobre o conhecimento conceitual ainda esteja vaga – deve haver fronteiras obscuras na teoria – provisoriamente nos limitaremos a uma interpretação mais restrita sobre a noção de *frame*.

A questão que surge em relação à teoria pragmática é então: Em que sentido podemos considerar os atos de fala como *frames*? Obviamente, atos de fala são atos e eles também têm uma natureza convencional. Sabemos, intuitivamente, como prometer alguma coisa ou como parabenizar alguém, e este conhecimento é claramente uma parte do nosso conhecimento de mundo. Porém, em que sentido nosso *frame* – 'promessa' – organizará nosso conhecimento de mundo de forma diversa do nosso conhecimento sobre bananas ou latidos, isto é, no sentido de que nós, 'conhecemos' o primeiro ao 'vermos' e o outro ao 'ouvirmos'? Seria possível dizer que existe um 'episódio' global realizado pelo falante ao fazer uma promessa – por ex.: executando todos os tipos de atos preparatórios, constituintes e auxiliares, como é o caso ao tomar um trem?

Embora a execução adequada de um ato de fala envolva uma série de condições e, apesar de haver formas de promessas e ameaças, não vemos, em princípio, nenhuma razão para que um simples ato de fala constitua um *frame* (e não, por exemplo, sorrir ou bater). O único princípio organizador envolvido é o de relacionar certos propósitos, intenções e certas ações (enunciados com determinadas propriedades) a estados e eventos contextuais.

Entretanto, os atos de fala podem estar associados aos *frames*. Antes de tudo, nós temos sequências típicas de atos de fala, cujas estruturas têm um caráter mais ou menos convencional ou 'ritual', tais como proferir conferências, fazer pregações, realizar conversações cotidianas ou escrever cartas de amor. Em tais casos, temos claramente diferentes atos (de fala), podendo cada um ter uma função característica na atualização do episódio: abertura, apresentação, cumprimento, argumentação, defesa, fechamento, etc. Nesses casos podemos ter diferentes estratégias para realizar de forma completa nossos objetivos. Além disso, ao contrário (da maioria) dos atos de fala, elas podem ser culturalmente dependentes.

Em segundo lugar, os atos de fala são interpretados com base nos conhecimentos de mundo do tipo *frame*. Em especial, os atos de fala institucionais, tais como batismo, casamento, condenação e demissão (tomados como atos de fala) são frequentemente partes de episódios altamente convencionais. Sem esse conhecimento tipo *frame*, por exemplo, eu seria incapaz de diferenciar o enunciado. "Eu o condeno a dez anos de prisão", quando me fosse dito por um juiz, em um tribunal, ao final de um julgamento, etc., e quando me fosse dito por um amigo com raiva de mim. Sabemos que o primeiro ato de fala é verdadeiro e o segundo não, apenas porque o primeiro faz parte de um *frame* institucional.

Em terceiro lugar, a interpretação dos atos de fala exige conhecimento do que poderia ser chamado meta*frames*: sabemos as condições gerais sob as quais as ações são realizadas com sucesso.

Logo, se durante o sono alguém me diz: "você pode abrir a porta?" dificilmente eu obedecerei, porque tenho o conhecimento geral de que apenas ações controladas, conscientes e que tenham um objetivo a atingir são consideradas ações de fato.

Finalmente, a interpretação dos atos de fala envolve conhecimento de mundo em um sentido mais geral. Os atos de fala usualmente referem-se a atitudes passadas ou futuras do falante e do ouvinte: eles funcionam como meios através dos quais tais atitudes são planejadas, controladas, comentadas, etc., ou são usados com o objetivo de fornecer informações sobre elas. Logo, basicamente, os atos de fala exigem conhecimentos sobre o que é real. Se alguém nos dissesse: "eu acabo de pular da torre Eiffel", dificilmente o levaríamos a sério.

Da mesma forma, quando parabenizo alguém, eu deveria assumir que alguma coisa agradável lhe aconteceu; mas o nosso conhecimento de mundo mais geral nos terá que dizer o que é agradável, para quem e em que circunstâncias. A pragmática em si não tornará explícitas tais condições – as quais pertencem a uma representação da nossa semântica cognitiva.

Em outras palavras, é o nosso conhecimento de mundo e a sua organização mental do tipo *frame* que decide se as condições necessárias à adequação dos atos de fala foram realmente preenchidas ou não.

ANÁLISE DO CONTEXTO

Antes que os usuários da língua sejam capazes de relacionar as informações recebidas com o conhecimento linguístico mais geral e outros conhecimentos arquivados na memória, eles devem analisar o contexto em relação ao qual um determinado ato de fala é realizado.

Um dos princípios metodológicos que deve ser lembrado é que a noção de contexto é, ao mesmo tempo, uma abstração teórica e cognitiva, isto é, derivada da verdadeira situação físico-biológica, etc. Ou seja, um grande número de traços da situação são irrelevantes para a compreensão correta da força ilocucionária dos enunciados. Raramente ocorrerá que eu entenda os enunciados do meu interlocutor de maneiras diversas, pelo fato de ele ter cabelos vermelhos ou não (salvo o caso em que justamente tal diferença seja tematizada). Portanto, ao compreender, a pessoa estará focalizando sua atenção em propriedades específicas da situação, as quais devem ser relevantes para a interpretação correta tanto do significado/referente quanto das intenções/objetivos pragmáticos.

Outra questão metodológica é que, ao contrário da pragmática e (o resto da) gramática, uma teoria cognitiva não apenas tem regras e conceitos, mas também estratégias e esquemas, isto é, recursos para um processamento rápido e funcional da informação. As estratégias e esquemas constituem as bases para os processos normais de interpretação hipotética: dada uma certa estrutura textual e contextual eles permitem suposições sobre possíveis significados e intenções – mesmo que as regras em um momento posterior levem à rejeição daquelas hipóteses. Um dos mais óbvios exemplos de tais recursos de processamento cognitivo baseia-se na típica estrutura da sentença: se é dada uma estrutura interrogativa, nós podemos, provisoriamente, concluir que se trata de uma pergunta ou pedido (van Dijk e Kintsch, 1982).

O mesmo ocorre na análise do contexto. Se um estranho se aproxima de nós na rua, estaremos certos de que (globalmente) ele fará uma pergunta ou pedido e não de que ele nos fará um relato da sua vida amorosa, ou uma ameaça. Parece seguir-se que, na compreensão pragmática, nós não apenas estabelecemos o contexto a partir da situação, como também temos esquemas para a análise de tais contextos. Ou seja, se um contexto satisfaz de forma clara um conjunto de traços (ordenados) indicativos, ele será tomado como característico para um conjunto específico de possíveis atos de fala.

É claro que a análise do contexto é necessária à compreensão pragmática dos enunciados, mas frequentemente não é suficiente. Ou seja, o usuário da língua terá apenas uma certa indicação em direção aos possíveis atos da fala que podem se seguir. A determinação definitiva de um ato de fala ocorre, naturalmente, após a compreensão do próprio enunciado e depois de serem relacionadas às informações do enunciado que são pragmaticamente relevantes, as informações derivadas da análise do contexto. Nesse sentido, a compreensão pragmática se dá paralelamente ao processo relativo de compreensão semântica, no qual os discursos e conhecimentos prévios (semânticos) do contexto são importantes para a interpretação de cada sentença. Paralelamente à noção de pressuposição, então, podemos introduzir a noção de pré-condição pragmática, definida como uma propriedade contextual.

Os esquemas de compreensão pragmática pertencem ao contexto inicial do processo verbal, isto é, o estado que é transformado pela realização de um ato de fala. Esse contexto inicial é caracterizado não apenas pelos eventos/ações imediatamente precedentes ao ato da fala, mas possivelmente por informações acumuladas de estados e eventos mais anteriores. No entanto, uma vez que não podem ser arquivados e recuperados todos os detalhes dos estados de interações passadas, procedimentos permanentes de determinação de relevância devem operar para selecionar a informação que hipoteticamente será importante em produções/compreensões interativas futuras.

Pode-se assumir que os procedimentos envolvidos aqui são semelhantes àqueles baseados em macrorregras no processo de compreensão semântica de informações complexas (p. ex. do discurso). Em outras palavras, o contexto inicial em relação ao qual um ato de fala deve ser interpretado contém três tipos de informação:

i. informações semânticas gerais (*memória, frames*);

ii. informações de estados finais, derivadas de eventos/atos imediatamente precedentes;

iii. (macro) informação global sobre todas as estruturas/processos interativos prévios.

Uma vez que (ii) e (iii) só são relevantes para o processamento do contexto real, estes tipos de informações são do tipo episódico.

Das observações acima podemos concluir que os contextos pragmáticos são estruturados. Mais particularmente, assumimos que um processamento cognitivo rápido exige que os contextos sejam hierarquicamente estruturados – como é igualmente o caso para as (macro)estruturas semânticas do discurso. Essa hierarquização é definida em termos de estruturas sociais: atos de fala são parte integrante da interação social (normalmente não os realizamos quando estamos sozinhos).

A estrutura hierárquica da sociedade nos permite determinar quais unidades (p. ex.: instituições, papéis, ações) e relações são determinadas por outras de níveis mais elevados. Para ser capaz de determinar se um ato de fala é apropriado, devemos portanto estar conscientes primeiro do contexto social mais geral onde a interação se realiza e, em seguida, das particularidades mais específicas ou *ad hoc* deste contexto, por ex.: propriedades reais dos participantes do discurso.

Embora o contexto social dos atos de fala não seja o tópico deste trabalho, deveria ser lembrado aqui que a estrutura social relevante, assim como é mentalmente representada, deveria ser levada em consideração ao se analisarem os processos de compreensão pragmática. A importante correlação metodológica dessa posição é naturalmente a de que, neste nível de análise, o que realmente conta em uma comunicação real não é tanto a situação em si, mas a interpretação/compreensão que os participantes sociais têm da situação. Obviamente, esse tipo de 'relativismo cognitivo' não implica que aquelas interpretações tenham bases objetivas. Ao contrário, uma interação bem-sucedida exige que as interpretações da estrutura social sejam convencionalizadas[2].

Note-se que o contexto social é também um construto abstrato em relação às situações sociais verdadeiras. Em primeiro lugar, são socialmente irrelevantes todas aquelas propriedades que não condicionem de alguma forma a interação dos membros sociais: o que eu penso é irrelevante, a não ser que eu demonstre meu pensamento através do meu comportamento, assim como é irrelevante o que eu levo no meu carro se isso não tem significado interacional. O mesmo ocorre nos casos de ações que não são características de uma situação. Atos como espirrar ou sorrir para alguém durante uma conferência pública ou um julgamento não determinam de forma significativa as (inter)ações específicas que definem este contexto social de forma geral.

Portanto, a análise do contexto social começa no nível do contexto social geral. Esse contexto social geral pode ser caracterizado através das seguintes categorias:

    i. privado
    ii. público
    iii. institucional/formal
    iv. informal

A definição precisa desses conceitos não pode ser dada aqui. O importante é que eles definam diferentes tipos de contextos sociais, por exemplo, instituições públicas como tribunais, tráfego, hospitais; lugares públicos informais como restaurante ou viagem de ônibus; instituições privadas como famílias, e contextos informais privados como fazer amor ou derrotar alguém.

Os diferentes contextos sociais caracterizados assim de forma global são, por sua vez, definidos pelas seguintes categorias:

    i. posições (p. ex.: papéis, *status*, etc.)
    ii. propriedades (p. ex.: sexo, idade)
    iii. relações (p. ex.: dominação, autoridade)
    iv. funções (p. ex.: pai, garçonete, juiz, etc.)

Essas propriedades dos contextos sociais e dos seus membros estão sistematicamente relacionadas; elas definem as possíveis ações dos membros sociais nos respectivos contextos.

Os próprios contextos sociais podem ser organizados, por exemplo, por uma certa estrutura de *frames* (sociais). Logo, dentro de um contexto institucional geral de um tribunal, há vários *frames*, que são, por exemplo, ordenados cronologicamente, tais como o *frame* de acusação, o *frame* de defesa e o *frame* de julgamento/condenação.

Nesses *frames*, os membros desempenham funções, propriedades e relações específicas. Mais especificamente, estes *frames* regulam quais os tipos de ações que podem ser realizados. Na instituição privada da família, a função dos pais, associada a um conjunto de propriedades e relações (poder, autoridade), definem o conjunto de possíveis ações sociais, como, por exemplo, mandar as crianças dormir, enquanto a função da criança, normalmente, não lhe permite mandar seus pais dormir. Além das quatro categorias que definem os contextos sociais, devemos ter então um conjunto de convenções (regras, leis, princípios, normas, valores) que definem quais conjuntos de ações estão associados com quais posições, funções, etc. Portanto, uma convenção determinará quando, em um lugar público informal, um membro com uma certa propriedade, relação e função pode cumprimentar outro membro. Eu não cumprimentaria ninguém em uma rua cheia de gente, mas posso fazê-lo em uma passagem solitária de uma montanha, onde poderia cumprimentar um conhecido ou mesmo pessoas que tenha acabado de encontrar. Não é possível tratar aqui da complexidade e limitações dessas convenções.

Para nossa discussão acerca da análise contextual que ocorre durante a compreensão pragmática, a análise (bastante fragmentária e informal) do contexto social apresentada acima sugere que cada usuário da língua deveria levar em consideração as seguintes informações sobre esse contexto geral: seu tipo específico, o *frame* do contexto posto em relevância, as propriedades/relações das posições sociais, as funções e os membros envolvidos. Note-se que a análise de um contexto particular em termos dos conceitos mencionados acima só é possível em relação ao conhecimento geral da estrutura social. É dentro desta estrutura mais ampla da análise do contexto social, que as propriedades específicas e as relações (p. ex.: ações, interações) do falante podem ser analisadas; isto é, seus comportamentos prévios (feitos, ações, etc.), por exemplo, as coisas específicas que ele disse anteriormente – bem como as inferências que fazemos sobre a estrutura do falante, em termos de:

i. conhecimento, crenças
ii. desejos, preferências
iii. atitudes
iv. sentimentos, emoções

Isso, tanto no nível particular quanto no nível mais geral (normas, valores e crenças) que o falante exibe em outras situações. Note-se que parte dos atos envolvidos são exemplos de atos convencionais pertencentes ao conjunto de ações de alguns contextos sociais informais e institucionais e suas propriedades: no contexto institucional público do tráfego, uma pessoa com função de guarda de trânsito tem o direito de me acenar para parar, podendo seguir-se sanções caso eu não interprete o sinal como um exemplo de um ato institucionalizado, conforme já foi definido. Em outras palavras, aquele sinal é um ato apropriado ao contexto referido.

Finalmente, a análise do contexto como um componente da compreensão do ato da fala também envolve a autoanálise do ouvinte. Para entender que um determinado ato da fala lhe é apropriado, ele deve estar consciente das suas próprias atitudes (prévias) e dos conhecimentos, desejos, atitudes e emoções subjacentes. Portanto, se em um determinado contexto alguém me oferece ajuda, eu devo estar consciente do fato de estar agindo de tal forma que tal oferecimento faça sentido, e que a oferta diga respeito a um objetivo que é provavelmente (parcialmente) idêntico ao meu próprio objetivo. Mais especificamente, o falante não apenas tem informação sobre o 'mundo' ou sobre a estrutura social específica, como também sobre o ouvinte, como coparticipante da comunicação. O ouvinte, portanto, terá de comparar o que o falante aparentemente supõe a respeito dele (o ouvinte), com o seu próprio autoconhecimento.

Embora nesta seção tenhamos sido bastante incompletos e certamente ainda não muito explícitos, parece que agora temos um esboço dos principais componentes de um esquema de análise contextual utilizados pelos usuários da língua para avaliar que ato de fala é realizado e se esse ato de fala é adequado ao contexto – ou pertinente à análise contextual do ouvinte.

Podemos considerar que aquilo que foi observado acima pode também ser relevante para uma teoria da produção dos atos de fala.

Ou seja, um falante só realiza um ato de fala de forma apropriada quando ele acredita que o contexto satisfaz as condições de tal ato de fala.

EXEMPLOS DE ANÁLISES CONTEXTUAIS

Com o objetivo de ilustrar, de maneira informal, os níveis e categorias operantes na análise dos contextos pragmáticos dos usuários de uma língua, daremos dois exemplos de atos de fala e a caracterização de um contexto para o qual eles são adequados.

(2)   Posso ver seu tíquete, por favor?

Embora haja um conjunto de possíveis contextos nos quais esse enunciado, tomado como uma solicitação, possa ser apropriado, daremos apenas um exemplo: uma fiscalização de tíquetes, em um trem ou meios de transporte em geral.

Tipo de contexto social: Institucional público
Instituição: Transporte público
Frame: Fiscalização de tíquetes

A. Estrutura do *Frame*:
    a) Cenário: trem (em movimento)
    b) Funções: $F(x)$ fiscal de tíquetes
           $G(y)$ passageiro
    c) Propriedades: x tem indicações visíveis de ser um fiscal da companhia de transporte; e/ou x pode identificar-se como fiscal da companhia; x realmente desempenha sua função como fiscal; y é claramente o possuidor do tíquete (p. ex.: ele não é uma criança viajando com os pais).
    d) Relação: $F(x)$ tem autoridade sobre $G(y)$
    e) Posições (ver as funções): y é investigado por x
                  x está investigando y

B. Convenções do *Frame* (regras, normas, etc.)
1. Cada passageiro deve ter um tíquete atualizado ao usar os transportes públicos.

2. Cada passageiro deve mostrar seu tíquete aos funcionários da companhia de transporte caso lhe seja solicitado.
3. O passageiro que não tiver um tíquete atualizado pagará uma multa de $ 25.
4. Checar os tíquetes faz parte das obrigações de um fiscal.
Desenvolvimento contextual da ação (do falante)
Macroestrutura: x desempenha suas funções
no trem que vai para z
Ações antecedentes: x foi para a estação (...)
– x está fiscalizando os tíquetes dos passageiros
– x vai/ver y

Nesse tipo de contexto, é bem provável que um enunciado como (2) possa ser realizado satisfatoriamente como uma solicitação. Ou seja, o ouvinte concluirá que se trata de uma solicitação não apenas com base na estrutura do enunciado, como também porque as condições definidas pela estrutura social para a solicitação foram obedecidas.

Apenas os ouvintes que tenham conhecimento das informações contextuais serão capazes de julgar a validade do ato de solicitação e, consequentemente, atendê-lo.

Logo, se um dos traços contextuais não estiver presente, a solicitação poderá tornar-se falsa e, portanto, socialmente inaceitável (pelo menos em parte). Se eu não estiver no trem, ou se o fiscal não estiver devidamente uniformizado, nem puder se identificar como fiscal, não poderá haver fiscalização sobre o meu tíquete. Eu não preciso mostrar meu tíquete a nenhum passageiro que me faça tal solicitação. Note-se que os conhecimentos específicos, crenças, tarefas/obrigações, etc. são basicamente derivados das convenções do *frame*. Assim, o passageiro y (=ouvinte) sabe que, segundo o regulamento (lei) B1, ele também deveria ter um tíquete, o que constitui a condição para que realmente compre o tíquete e se sinta na obrigação de mostrá-lo ao fiscal quando assim lhe for exigido (conforme determina B2).

Como segundo exemplo, tomaremos um ato de fala de um contexto privado e informal, produzido em uma situação em que o falante (x), ao receber o ouvinte (y) na estação de trem, oferece-se para levar a bagagem do ouvinte.

(3)   Deixe-me levar a sua bagagem!

Obviamente esse oferecimento poderá ser adequado a muitos tipos de contexto, pois não há aqui restrições institucionais sobre a interação, como no exemplo anterior.

Tipo de Contexto Social: Privado

A. Estrutura do *Frame*:
   a) Cenário: Estação de trem (plataforma)
   b) Funções: F(x) anfitrião
             G(y) hóspede
   c) Propriedades: x é suficientemente forte para levar as malas
                  y deve estar cansado e/ou y tem dificuldades em levar as malas
                  y é mulher ou uma pessoa de idade (...)
   d) Relações: x conhece y (e vice-versa)
              y sabe que x está lá para apanhá-lo
   e) Posição: x ajuda y

B. Convenções do *Frame*
1. Se x vai buscar y na estação, x deveria ser amável com y
2. Se y tem dificuldade em realizar uma tarefa, x deveria ajudá-lo (ou oferecer-se para)
3. O peso da bagagem é motivo suficiente para que se ofereça ajuda.
4. Deve-se oferecer ajuda aos hóspedes, em especial às mulheres, pessoas deficientes, doentes e idosos.
(N.B. Descrevemos apenas as convenções existentes, não, por exemplo, como deveria ser o papel dos sexos.)
Desenvolvimento Contextual da Ação:
Macroação: – chegada de y. Y sendo recebido por x
          – y preparada para chegar
          – y sai do trem
          – y procura x (...)
          – y dirige-se para x
          – y sorri para x
          – y cumprimenta x
          – (...)
As categorias acima são tomadas como os principais componentes para que o enunciado (3) seja compreendido e aceito como um oferecimento. Note-se que, ao especificar os conhecimentos necessários a

uma compreensão adequada dos atos de fala, tais atos são descritos neste caso a partir do ponto de vista do ouvinte.

O oferecimento poderia tornar-se impróprio ou não ser aceito caso os principais traços do contexto não estivessem presentes. Portanto, se não esperamos alguém, se não o/a conhecemos, etc., normalmente não oferecemos ajuda, segundo as convenções do *frame*. Da mesma forma, um homem forte normalmente se recusaria a aceitar a ajuda de uma criança ou de uma pessoa fraca.

As categorias usadas acima não são definitivas e requerem uma definição mais completa. Em especial, as diferenças entre as categorias de função e posição nem sempre são bem delimitadas. Por função entendemos um conjunto, de propriedades e relações mais ou menos fixas e frequentemente institucionalizadas como, por exemplo, as profissões (juiz, fiscal de tíquetes), mas também anfitrião e hóspedes. As posições são definidas especialmente pelo tipo de relações entre os participantes, isto é, eles definem seus verdadeiros papéis na interação: eu posso ajudar, advertir, proibir, (etc.) alguém, mas posso fazê-lo em diferentes funções, tais como médico, amigo, mãe, etc.

A DINÂMICA DO CONTEXTO

Uma vez que as ações são realizadas em contextos, esses contextos não são estáveis, mas dinâmicos: mudam de acordo com os princípios causais, convenções e demais restrições sobre as sequências de eventos e ações. Conforme vimos acima, um ato de fala usualmente está encaixado no desenvolvimento da (inter)-ação. Uma análise contextual é, portanto, um processo permanente – cujo 'estado final' consideraremos como o estado inicial para a compreensão adequada de um enunciado como um ato de fala. Durante a (inter)-ação, a pessoa vai gradativamente construindo os traços relevantes do contexto e as mudanças para os estados contextuais subsequentes: ela estará consciente não apenas das características globais do contexto social, do *frame* e seus componentes como também das ações de fato realizadas nesses contextos e *frames*. Ela então construirá os objetivos e intenções (conhecimentos subjacentes e desejos) dos coparticipantes, em particular do falante, e julgará se os objetivos dos atos de fala são compatíveis com as condições iniciais. Embora a análise do contexto ofereça não apenas as condições de avaliação de um enunciado, como também expectativas sobre os possíveis objetivos dos participantes e, portanto, sobre os prováveis atos de fala a serem realizados em dado contexto, é claro que, na maioria dos casos a compreensão final de um enunciado como um ato de fala específico deve basear-se na análise do próprio enunciado. A questão então é a seguinte: quais as propriedades típicas dos enunciados que indicam o tipo de ato de fala realizado, ou que deveria ser considerado como realizado?

Naturalmente a resposta a essa questão deveria se basear no nosso conhecimento sobre o processamento gramatical das palavras, frases, sentenças e discursos. No entanto, não é nosso objetivo neste trabalho fazer uma revisão dos resultados teóricos e experimentais das regras e estratégias envolvidas no processamento fonológico, morfológico, sintático e semântico das línguas naturais. Em cada um dos referidos níveis, interessam-nos apenas os traços que possam exercer a função de índices dos atos ilocucionários. Além das informações oferecidas pelo contexto, o texto dará ao ouvinte pistas sobre o ato que deve ser atribuído ao enunciado.

Considerando que há razões para se acreditar que a "avaliação" de tais índices nos enunciados depende da interpretação completa do enunciado (em termos de orações/proposições), iniciaremos pelo nível semântico.

Semântica
Referência: Denotação dos participantes do discurso:
   (eu/você)
   Denotação dos objetos presentes no contexto
   Denotação das propriedades do contexto e relações entre os participantes
   Denotação dos estados, eventos e ações
   Denotação das modalidades: tempo, mundo possível, obrigações,
   Etc.

Portanto, no nosso exemplo "Deixe-me levar a sua bagagem", a estrutura semântica do enunciado denota o falante e o ouvinte, uma ação (planejada) do ouvinte, uma permissão (solicitada) e o objeto da ação (a mala). Logo, no nível semântico, o ouvinte sabe que o enunciado diz respeito a uma ação imediata do falante em relação a um objeto do ouvinte. Graças ao *frame* de informação (e outros conhecimentos de mundo), o ouvinte pode interpretar tal ação como uma ajuda. Uma vez que não houve pedido de ajuda, é necessário que primeiro seja pedida permissão, o que será a referência para tal permissão.

Conhecimento de mundo (*frame*) p. ex.: viajantes sempre têm malas; há fiscalização de tíquetes nos trens.

Sintaxe

1. Formas das sentenças (afirmativa, interrogativa, imperativa)
Ex.: Deixe-me (...) no nosso exemplo, é uma expressão formulaica para se obter permissão como parte de oferecimentos (de ações pessoais). Em geral, indica atos de fala que envolvem expectativas de ações (futuras) da parte dos ouvintes (ordens, solicitações, etc.)

2. Ordem das palavras, estrutura oracional das sentenças
Indicando afirmações de pressuposição ou estruturas de tópico/comentário e, portanto, o que se espera que seja conhecido e o que seja novo; indicação do possível tópico do discurso.

3. Funções sintáticas (sujeito, objeto indireto, etc.)
Indicando funções semânticas e, portanto, os papéis dos participantes no contexto.

4. Tempo
Indicando quando o evento ou ação ocorre ou ocorrerá; tempo presente nos performativos.

5. Aspecto
Indicando o modo da ação e provavelmente a atitude envolvida no ato de fala. Ex.: Eu prometo que venho amanhã!

vs.

Eu estou lhe prometendo que venho amanhã!

6. Sentença/estrutura sequencial
Indicando a delimitação e ordem dos atos de fala, ou se um ato de fala se realiza com base em uma proposição complexa, ou dois atos de fala baseados em uma proposição simples.

Morfologia/Léxico (=semântica)

1. Escolha das palavras (em geral)
O uso de certas palavras para indicar de forma direta os conceitos envolvidos e, portanto, os possíveis referentes das expressões, em particular: dêiticos e predicados de ação.

2. Performativos explícitos

3. *Frases fixas* (*tag questions*)
Ex.: não vai, não pode, não é? etc., para indicar condições (habilidade, verdade, etc.) dos atos de fala.
4. *Palavras como "por favor"*, no nosso exemplo, para indicar solicitação ou pedido, etc.
5. *Partículas pragmáticas* (especialmente em holandês e alemão).
Para indicar, por exemplo, atitudes do falante a respeito do conteúdo proposicional e/ou do ouvinte, por exemplo, em acusações, censura, defesa, etc.

Fonologia/Fonética
1. *Entoação*
Junto com a forma da sentença e ordem das palavras para indicar, por exemplo, afirmação ou pergunta.
2. *Acentuação*
Para indicar função de comentário e, consequentemente, informação nova na sentença, ou contraste e, portanto, expectativas do ouvinte, ou focalização e assim controlar a atenção do ouvinte.
3. *Velocidade, tom, altura*
Para indicar atitude, emoção, etc. do falante e consequentes atos de fala associados a eles. Ex.: Uma advertência x uma afirmação, como no enunciado: "Uma pedra está caindo".

Atividades Paralinguísticas
1. *Movimento dêitico*
Ex.: Apontar para a mala, no segundo exemplo.
2. (outros) *Gestos*
Ex.: Tocar na cabeça em situações de insultos e acusações.
3. *Expressões faciais*
Ex.: Sorrir em cumprimentos, expressão zangada em acusações.
4. *Movimentos Corporais*
Ex.: Afastar alguém em uma situação de advertência.
5. *Interação Corporal* (aproximação, aperto de mão, carinho)

Embora essa lista não seja nem completa nem muito explícita, ela parece indicar que, em todos os níveis linguísticos e paralinguísticos do enunciado, temos uma grande quantidade de indicações sobre certos traços do possível ato de fala em questão. É claro que nenhuma das indicações em si, se tomada isoladamente, é suficiente para estabelecer certos atos de fala. Todos os níveis devem ser interpretados de forma integrada e em associação com a análise contextual. Assim, o nosso segundo exemplo oferece informações adicionais sobre o possível ato (de fala) realizado, isto é, ele dá indicações sobre uma permissão por parte do ouvinte, ação imediata do falante, objeto da ação, além de uma fórmula do pedido, e possíveis movimentos dêiticos (olhar e apontar para a mala). Uma vez que o ouvinte tem conhecimento de que a ação do falante o beneficia, e, a partir das informações contextuais, sabe que todas as outras condições (incluindo as referenciais) foram satisfeitas, através de um conhecimento convencional o ouvinte interpreta o enunciado (3) como um oferecimento de ajuda.

COMPREENSÃO DAS SEQUÊNCIAS DE ATOS DE FALA E MACROATOS DE FALA

Na análise do contexto descrita acima, não ficou definido se o contexto inicial era estabelecido pelos participantes da comunicação, por outros, pelos eventos ou pelas ações. Também é possível que o contexto inicial seja o estado final e consequência dos atos de fala precedentes. Os atos de fala podem ocorrer em sequências, especialmente na conversação.

Uma afirmação pode provocar no ouvinte a compreensão do motivo pelo qual se segue uma ameaça ou uma promessa. Da mesma forma como a compreensão do discurso, enquanto sequência de sentenças interligadas e coerentes, requer uma interpretação de tais associações (p. ex.: todos os tipos de relações entre os fatos indicados), a compreensão das sequências de atos de fala baseia-se na interpretação das "associações" entre atos de fala subsequentes. A condição associativa mais geral é a de que os atos antecedentes estabelecem o contexto com relação ao qual os atos subsequentes são avaliados. Quanto à sequência de atos, em geral a relação condicional pode ser apenas a de possibilitar, isto é, tornar um ato de fala possível em relação a um ato de fala anterior, ou mesmo de natureza mais forte, como, por exemplo, tornar o ato de fala seguinte provável e até necessário. Em todos os casos de sequências ritualizadas, o ato de fala subsequente torna-se necessário. Ex.: em pares como parabenizar, agradecer.

Um outro tipo de relação entre atos de fala ocorre quando se pretende desencadear uma fala subsequente, assim como no caso de uma adição, correção ou explicação em relação ao ato de fala anterior.

Os atos de fala de uma sequência não precisam ser do mesmo nível. Assim como nos discursos ou sentenças, devemos também distinguir entre relações entre atos de fala subordinados e superordenados. Ex.: quando um ato de fala é auxiliar em relação a outro ato de fala, como quando afirmo que estou com fome para então produzir adequadamente o ato de pedir comida.

Finalmente, as sequências de atos de fala devem também ser analisadas em um nível global. Isto significa que a sequência de atos de fala é mapeada como um todo de atos de fala globais ou macroatos de fala. Assim, uma carta inteira pode funcionar globalmente como uma ameaça, uma lei inteira como uma proibição. Com relação aos atos de fala individuais da sequência, essa macroestrutura funciona como um resumo; ela define qual é o objetivo final do enunciado, por exemplo: em termos da interação e propósito global. Os atos de fala individuais funcionam então ou como aspectos relativamente irrelevantes da comunicação (p. ex.: cumprimentos) ou podem ser considerados como condições normais, constituintes ou consequências do ato de fala global. As macrorregras especificam como uma sequência de atos de fala está relacionada com a sua representação global em termos de macroatos de fala.

Do ponto de vista cognitivo, essas suposições implicam que na análise contextual e sequencial o ouvinte empregará as macrorregras para prever os atos de fala, a fim de determinar quais as informações pragmáticas relevantes para a interpretação dos atos de fala subsequentes. Portanto, ao entender uma série de atos de fala como um pedido, o ouvinte poderá então planejar o ato de fala de recusa, já tendo todos os tipos de detalhes sobre o pedido. Nesse sentido, a compreensão global das sequências de atos de fala não é diferente da compreensão das outras propriedades do contexto (percepção dos objetos, estados, eventos, etc.).

Uma das importantes funções da macrocompreensão é a de permitir ao falante/ouvinte estabelecer associações entre os atos da fala em relação a um macroato de fala. Do contrário, não seríamos capazes de planejar e monitorar um longo discurso ou conversação, nem seríamos capazes de, durante a compreensão, entender as ações dos falantes durante todo o tempo da interação. Assim, uma série de cumprimentos, declarações e perguntas, etc., só pode ser interpretada como um todo, isto é, como uma sequência coerente, se supusermos que, desta forma, o falante está produzindo uma solicitação global, cujos respectivos macroatos de fala estabelecem a preparação, condições e constituintes necessários.

As propriedades específicas das sequências de atos de fala e as suas relações com as sequências de sentenças nos discursos não serão aqui analisadas de forma mais profunda. No nível sequencial (linear), o processo de compreensão não apresenta diferenças significativas em relação à compreensão do contexto em geral. Mais interessante, porém, é o fato de que, assim que os atos de fala se tornam complexos demais, o macroprocessamento se torna necessário. As referências sobre a compreensão dos atos de fala apresentadas acima são não apenas teóricas como também constituem uma abstração. Ou seja, nós enunciamos um número de elementos que são parte de uma suposta representação cognitiva dos contextos pragmáticos. Enfatizamos, contudo, que tanto o próprio contexto quanto a sua compreensão são dinâmicos no sentido de que exigem processos. Em outras palavras, ainda não sabemos como a representação do contexto (e a do texto) é realmente construída durante a interação. Não sabemos exatamente como as informações perceptuais combinam-se com todos os tipos de inferências e a atualização dos *frames*; ou como todos os tipos de informações novas são organizadas, armazenadas e combinadas com conhecimentos já adquiridos; ou com desejos, emoções, atitudes, intenções e objetivos. E, finalmente, ainda não sabemos como todas essas informações exteriores e interiores são mapeadas sobre representações das categorias e estruturas do contexto social.

Apesar de todas essas questões constituírem questionamentos para futuras pesquisas sobre as bases cognitivas das estruturas pragmáticas, um certo número de suposições podem ser derivadas da nossa discussão anterior (ver van Dijk e Kintsch, 1982).

Em primeiro lugar, a informação de entrada na interação comunicativa é surpreendentemente complexa, daí necessitarmos usar diferentes processos para podermos lidar com ela e controlá-la. Isto significa, por exemplo, que as macrorregras devem ser aplicadas tanto no nível da percepção quanto no nível do evento, ação e compreensão. Isto é, a informação deve ser funcionalmente organizada e resumida.

Essa organização, como vimos, deve ter uma natureza hierárquica. Dados alguns contextos sociais típicos, são então determinados os tipos de *frames* que podem estar envolvidos e que, por sua vez, determinam as possíveis posições, funções, propriedades e relações dos membros sociais. Além disso, a natureza essencialmente convencional da interação social permitirá a formação e, consequentemente, a ativação e aplicação dos *frames*, epistemológicos, constituindo assim formas efetivas de organização do conhecimento mais geral sobre os *frames* sociais envolvidos na interação.

Além de organizadas, as informações de entrada são ao mesmo tempo reduzidas a macroestruturas em vários níveis. As sequências de ações de cada participante devem ser, portanto, vistas como uma ação global em que apenas os resultados pretendidos globalmente e o objetivo global esperado pelo participante devem ser relevantes. Essa macrorredução é possível graças, mais uma vez, ao conhecimento convencional dado pelo *frame*, o qual especifica quais as ações globais que estão associadas às várias condições, constituintes e consequências.

A estrutura hierárquica dos *frames* epistemológicos permite, então, uma análise flexível e rápida dos níveis constituintes necessários à compreensão da interação social em curso. Os mesmos princípios estão presentes na compreensão visual (imagens) e de episódios complexos. Em um nível mais elevado, nós também temos um conhecimento geral sobre a estrutura da ação, para que cada sequência de ações possa ser mapeada sobre uma determinada ação global, e possamos centrar nossa atenção sobre os resultados e consequências (objetivos) relevantes da ação.

Finalmente, a par desses vários procedimentos empregados na análise das informações complexas, os usuários da língua utilizam todos os tipos de estratégias de compreensão, obtendo assim rápidas hipóteses a respeito das possíveis estruturas dos estados contextuais em curso e subsequentes.

Essas estratégias baseiam-se em 'índices' ou características-chaves do texto e do contexto, como, por exemplo, a entoação nos pedidos, frases fixas, certos gestos e ações ritualizadas de certos *frames* como no caso do oferecimento de ajuda no nosso segundo exemplo.

Embora tenhamos mencionado brevemente alguns princípios bem gerais da compreensão dos atos de fala e dos processos cognitivos subjacentes à interação, é óbvio que, no momento, ainda não dispomos de *insights* sobre o verdadeiro processamento. Podemos idealizar alguns modelos teóricos para os esquemas ou procedimentos usados pelos usuários da língua e podemos testar tais modelos empiricamente, através de experimentos sistemáticos e/ou através de simulações artificiais da interação comunicativa, mas tais modelos serão em princípio do tipo *input* e *output*, e não oferecerão *insights* sobre os verdadeiros processos da interação comunicativa.

Da mesma forma, sabe-se muito pouco também sobre as estruturas cognitivas (emocionais) subjacentes ao planejamento, execução e controle da complexa interação verbal e dos processos de armazenagem, recuperação, lembrança, reconstrução e reaplicação das representações dos atos de fala. Ou seja, ainda não sabemos como os desejos, necessidades e preferências interagem com o conhecimento, crenças e atitudes, nem como todos esses sistemas remetem a ações através de complexos procedimentos de tomada de decisão, formação de propósitos e planejamento. Nesse sentido, os problemas ainda não resolvidos na pragmática cognitiva são aqueles de uma teoria empírica da ação em geral. A dificuldade adicional reside no fato de que na produção e compreensão dos atos de fala nós também precisamos de *insights* sobre as complexas relações entre a análise contextual e a análise textual. Obviamente, estamos apenas no primeiro estágio da compreensão do complexo domínio interdisciplinar entre a língua, ações, significados, cognição e estruturas sociais.

NOTAS

Algumas das questões levantadas neste artigo foram discutidas em uma palestra proferida no Departamento de Psicologia da Universidade do Colorado (Boulder, em 1977). Agradeço a Walter Kintsch pelas sugestões dadas e pela sua colaboração no nosso trabalho sobre Compreensão do Discurso, inclusive alguns dos resultados citados nesse trabalho.

Agradeço particularmente a Sandro Ferrara pelas nossas longas discussões a respeito das relações entre pragmática, discurso e cognição.

1. A noção de *Frame* tem sido discutida essencialmente em inteligência artificial e psicologia cognitiva, principalmente após o trabalho de Minsky (Minsky, 1975). A noção, a partir da qual algumas variantes têm sido discutidas sob vários títulos, tais como *scripts*, "cenários" e "esquemas", já havia aparecido com o nome de *demon* em Charniak (1972). O verdadeiro desenvolvimento nesta área de representação do conhecimento, a qual se faz necessária em tarefas tais como a compreensão do discurso, resolução de problemas e percepção, já havia sido antecipada por Bartlett (1932), que usa o termo "esquema". Para uma boa coletânea de trabalhos sobre esse tópico, ver Bobrow e Collins (1975). Ver também Schank e Abelson (1977) sobre recentes discussões acerca de conceitos semelhantes na inteligência artificial. Uma discussão mais ou menos crítica sobre a concepção de *frames* e as suas relações com as macroestruturas semânticas é dada em van Dijk (1977c).
   Uma noção um tanto diferente sobre *frames* é às vezes usada em sociologia, por exemplo, por Goffman (1974).

2. Esta abordagem cognitiva da estrutura social tem se tornado bastante influente nos últimos anos, p. ex.: na etnometodologia. Ver por exemplo, Sudnow (1972), Cicourel (1973), Tumer (1974). Grande parte desses trabalhos foram inspirados em Garfinkel (1967).

EPISÓDIOS COMO UNIDADES DE ANÁLISE DO DISCURSO*

UNIDADES DE ANÁLISE DO DISCURSO

Uma das tarefas de uma sólida teoria do discurso é explicitar as unidades analíticas postuladas na descrição abstrata de estruturas textuais nos vários níveis. Adicionalmente às usuais unidades ou categorias morfofonêmicas, sintáticas, semânticas ou pragmáticas das gramáticas frasais, a teoria do discurso introduziu novas noções, como "coerência", "coesão", "tópico" ou "tema" – descritas nas assim chamadas "macroestruturas", ao passo que a análise da conversação utiliza noções como "turno" ou "intervenção".

Desse modo, num "nível intermediário" entre a unidade oração ou sentença, de um lado, e a unidade texto, discurso ou conversação como um todo, a noção de "parágrafo" ou "episódio" vem sendo recentemente discutida em vários ramos da análise do discurso (Chafe, 1980; Longacre, 1979; Hindo, 1979). De modo aproximado, os parágrafos ou episódios são caracterizados como sequências coerentes de sentenças de um discurso, linguisticamente marcadas quanto ao começo e/ou fim, e definidas, além disso, em termos de algum tipo de "unidade temática" – por exemplo, em termos dos mesmos participantes, tempo, lugar, ou evento ou ação global.

---

* *In* TANNEN, D. (ed.) *Analyzing Discourse: Text and Talk.* Washington D.C.: Georgetown U.P., 1982. Tradução de Ingedore Koch.

Neste trabalho, gostaria de contribuir para uma definição adicional da noção de parágrafo ou episódio, focalizando, para tanto, suas propriedades semânticas. Postularei aqui que uma abordagem explícita dessas noções requer também uma caracterização em termos de macroestruturas semânticas, cujas várias "manifestações de superfície" funcionam frequentemente como marcadores típicos de parágrafos ou episódios.

Para garantia da clareza teórica, farei distinção entre a noção de "parágrafo" e a noção de "episódio". Um episódio é propriamente uma unidade semântica, enquanto um parágrafo é a manifestação superficial ou a expressão de tal episódio.

Como pretendo focalizar a atenção especialmente sobre questões semânticas, a discussão será principalmente sobre episódios, e não sobre parágrafos e suas propriedades gramaticais (tal como foram estudados, entre outros, por Longacre, 1979 e Hindo, 1979).

Embora este artigo tenha uma natureza predominantemente "estruturalista", a suposição de que os episódios são unidades semânticas levanta a possibilidade de terem relevância psicológica, como unidades em um modelo cognitivo de processamento do discurso. A pesquisa recente nessa área parece sugerir, realmente, que unidades do tipo "episódio" têm relevância processual na leitura, representação e memorização do discurso (veja-se, por exemplo, Black & Bower, 1979; Haberlandt, Berian & Sandson, 1980). No final do artigo, será demonstrado brevemente que minhas observações linguístico/semânticas podem, de fato, ser relevantes para um modelo cognitivo de discurso.

Antes de iniciar a discussão, cabe uma observação metodológica. Tem havido considerável controvérsia – principalmente fora da análise do discurso ou da gramática de texto, e muitas vezes dirigida contra estas – sobre o estatuto linguístico e, em particular, gramatical das categorias e unidades postuladas como discursivas. Com o objetivo de manter a linguística e, especialmente a gramática, precisa e imaculada, muitos linguistas não só preferiram permanecer dentro dos limites aparentemente seguros da sentença, como também, ao mesmo tempo, tentaram desacreditar, tachando de "estranhas" à linguística ou à gramática, muitas das unidades, categorias ou níveis específicos utilizados em várias formas de análise do discurso, admitindo-as, no máximo, dentro de uma teoria do uso da linguagem, da pragmática, da retórica e de outras teorias ou disciplinas exteriores ao seu âmbito de responsabilidade.

100

O estilo desta última frase permite entrever que não partilho dessa opinião. Não há dúvida de que muitas propriedades do discurso não podem ou não deveriam ser tratadas no quadro de uma gramática linguística; por exemplo, estruturas retóricas ou narrativas exigem tratamento distinto – embora integrado. Há, contudo, outros fenômenos discursivos que são propriamente linguísticos ou mesmo "gramaticais", isto é, que podem ser totalmente estudados em termos dos níveis, categorias ou unidades usuais, familiares no tratamento das sentenças. Isto não significa, é claro, como tem sido sugerido, que, deste modo, uma teoria linguística do discurso possa ser reduzida sem dificuldades a uma teoria das sentenças (mais alguma teoria de uso da linguagem, uma pragmática ou um modelo cognitivo).

Noções novas de fenômenos específicos, como coerência, macroestrutura ou episódio, são certamente necessárias, mas podem ser descritas por meio de noções teóricas familiares.

Embora eu acredite que a linguística e a gramática têm tarefas específicas e, portanto, teorias próprias, gostaria de sugerir de forma mais genérica que os limites entre "gramática" e outras teorias linguísticas, ou entre enfoques linguísticos da língua e de seu uso e abordagens psicológicas ou sociológicas não são e não deveriam ser excessivamente rígidos. Num enfoque geral funcional da linguagem (van Dijk, 1978; Givón, 1979a, 1979b), que é agora um paradigma central na linguística, a tônica é, "de um lado, que unidades, categorias, regras e estruturas de um nível de análise estão sistematicamente relacionadas com as de outros níveis; e, de outro lado, que essas estruturas "linguísticas" estão funcionalmente relacionadas (em ambos os sentidos: determinando e dependendo) com o processamento e uso cognitivo e social da linguagem na interação comunicativa. Assim, as propriedades da sentença – morfofonêmicas, sintáticas, semânticas e pragmáticas – parecem ter também funções no interior do discurso (Givón, 1979b). Isto acontece também com uma teoria do episódio.

Algumas propriedades dos episódios podem ser convenientemente formuladas no interior de um quadro linguístico ou mesmo gramatical; outras requerem uma descrição adicional ou alternativa em termos cognitivos, interacionais e sociais. Quando se coloca o foco de atenção no primeiro, caberia que se tivesse em mente que a teoria é essencialmente parcial, e que as interdependências com processos e funções cognitivas e sociais constituem uma explicação adicional imprescindível das estruturas "gramaticais" em um tratamento mais abstrato dos episódios no discurso.

NOÇÕES INTUITIVAS DE "EPISÓDIO"

A noção de episódio aparece não apenas em uma teoria do discurso, mas também no discurso cotidiano. Falamos sobre um "episódio" de nossa vida, um "episódio" ocorrido durante uma festa, um "episódio" da história de um país, ou episódios em narrativas sobre tais episódios. Nesse sentido, um episódio é concebido, em primeiro lugar, como uma parte de um todo, que tem começo e fim, definido, portanto, em termos temporais. Em segundo lugar, tanto a parte como o todo envolvem geralmente sequências de eventos ou ações.

Finalmente, o episódio deve ser de algum modo "unificado" e possuir certa independência relativa: podemos identificá-lo e distingui-lo de outros episódios.

Assim, uma guerra pode ser um episódio da história de uma nação, uma batalha, um episódio de uma guerra, e alguma ação heroica de um grupo de soldados, um episódio dessa batalha. Aparentemente, o aspecto "unificador" de tais sequências de eventos ou ações aparece conceitualmente em noções de eventos ou de ações globais, como "guerra", "batalha", "ataque", etc., bem como na identidade de participantes de tais eventos e ações (um país, exércitos, grupos de soldados, pessoas individuais, etc.) e, finalmente, na identificação temporal de começo e fim.

Essa noção intuitiva de episódio corresponde à noção de episódio em uma narrativa ou relato de tais ações ou eventos: fala-se de um episódio de uma novela ou de um livro didático sobre história, e o sentido de tal noção é semelhante ao episódio correlato no mundo: uma sequência de sentenças (ou de proposições expressas por tais sentenças) que denota esse episódio, portanto com um início e um fim marcados e certa unidade conceitual. Foi esta noção intuitiva que foi assumida pela análise do discurso. Deste modo, neste artigo, procuro explicar a noção teórica, e investigar se pode ser também aplicada a outros tipos de discurso, isto é, não apenas ao discurso de evento ou ação, como é o caso das narrativas.

A SEMÂNTICA DOS EPISÓDIOS

Já que os episódios são considerados unidades semânticas do discurso, é preciso que se possa defini-los em termos semânticos, por exemplo, em termos de proposições. É justamente o que vou fazer, caracterizando um episódio de um discurso como uma "sequência de proposições" específicas. Exatamente como o discurso como um todo, tal sequência deve ser coerente de acordo com as condições usuais de coerência textual (van Dijk, 1972, 1977). Isto é, as respectivas proposições deveriam denotar fatos em algum mundo possível, ou em mundos possíveis interligados, que sejam, por exemplo, condicionalmente relacionados. A par desta coerência por assim dizer local, a sequência deveria ser globalmente coerente, ou seja, estar subsumida sob uma macroproposição mais global (van Dijk, 1972, 1977, 1980).

Tal macroproposição explica a unidade global de uma sequência discursiva, tal como é intuitivamente conhecida sob noções como "tema", "tópico", "ponto principal". As macroproposições são derivadas de sequências de proposições de um discurso (locais, expressas textualmente) por intermédio de algum tipo de regras de mapeamento semântico, denominadas "macrorregras", que apagam, generalizam ou "constroem" informação local em conceitos mais gerais, mais abstratos ou globais.

Estas macrorregras são recursivas, de modo que se pode ter diversas camadas de sequências de macroproposições que formam juntas a macroestrutura de um discurso. Tal macroestrutura pode ser tipicamente expressa por resumos (individualmente variáveis) do discurso. As macrorregras não só têm proposições textuais como *input*, mas como grande parte da informação do texto fica implícita por razões de ordem pragmática, necessitam também de informação dos conjuntos de "conhecimento" e "crença" dos usuários da linguagem, *frames* e *scripts* por exemplo, que organizam este conhecimento conforme critérios de emprego estereotípico. Uma macroproposição apresenta, por definição, um predicado central e certo número de participantes, denotando também uma propriedade, evento ou ação importante ou global e participantes centrais num discurso. A base textual de cada macroproposição é, assim, uma sequência que denominamos "episódio". Em outras palavras, um episódio é uma sequência de proposições de um discurso que podem ser subsumidas por uma macroproposição.

Pelo fato de as macrorregras operarem recursivamente, de modo a poderem existir macroproposições em vários níveis de generalidade, pode haver também episódios de extensão ou escopo variáveis no discurso. Teoricamente, mesmo o discurso como um todo, como caso-limite, é um episódio. A "unidade" global que postulamos intuitivamente para episódios do mundo e episódios do discurso é justamente definida pela(s) macroproposição(ões) subsumidora(s). O início e o fim de uma sequência episódica são, pois, definidos em termos de proposições que podem ser subsumidas pela mesma macroproposição, ao passo que a proposição anterior ou a subsequente, respectivamente, à primeira e à última proposição de uma sequência episódica, serão subsumidas por outra macroproposição. Mais adiante, mostrarei que estes "pontos de ruptura" são marcados de forma interessante por meios linguísticos (além de outros).

Embora possa haver episódios de extensão ou escopo variáveis em um discurso, talvez fosse relevante restringir a noção de episódio àquelas sequências que têm algumas propriedades adicionais, intuitivamente caracterizadas em termos de "importância". Isto é, pode ser que macroproposições de nível mais baixo nem sempre definam o que é intuitivamente chamado um episódio discursivo, de modo que apenas macroproposições de nível mais alto e quase sempre irredutíveis subsumam episódios textuais. Cumpre, pois, verificar se há condições adicionais para a identificação de episódios.

A relevância teórica da noção de episódio reside, sobretudo, no fato de que temos agora uma unidade textualmente baseada, que corresponde à noção anterior de macroproposição, isto é, a sequência de proposições das quais a macroproposição é derivada.

Pode-se, além disso, assumir que essa unidade textual tem propriedades linguísticas e cognitivas. Como a teoria prediz e como tem sido confirmado em análises descritivas (Chafe, 1980; Longacre, 1979; Hindo, 1979, e a análise a ser apresentada adiante neste trabalho), os seguintes "sinais" gramaticais podem ser esperados no início de episódios:

1. pausas e fenômenos de hesitação (preenchedores, repetição no discurso oral);
2. sinalização de parágrafo no discurso escrito;
3. marcadores de mudança temporal: *nesse meio-tempo, no dia seguinte*, etc. e mudanças de tema;
4. marcadores de mudança de lugar: *em Amsterdã, na outra sala*;
5. marcadores de mudança de "elenco": introdução de novos referentes (frequentemente com artigos indefinidos) ou reintrodução de referentes "velhos" (com frases nominais completas em lugar de pronomes);
6. predicados de introdução ou mudança de mundos possíveis (*contar, crer, sonhar*, etc.);
7. introdução de predicados que não possam ser subsumidos debaixo do mesmo (macro) predicado e/ou que não combinem com o mesmo *script* ou *frame*;
8. marcadores de mudança de perspectiva, por meio de diferentes participantes "observadores" ou diferenças na morfologia temporal/aspectual do verbo, estilo (livre) (in)direto.

Tais marcadores assinalam o início de um novo episódio e, portanto, ao mesmo tempo, o final do episódio anterior. Em outras palavras, no momento em que há uma mudança de tempo e lugar (uma cena), em que um elenco diferente de participantes e um novo evento ou ação global estão sendo introduzidos – de acordo com o conhecimento de mundo "scriptural" ou de tipo *frame* sobre os componentes de tais eventos ou ações – pode-se assumir que aí se tem o início de um novo episódio.

Não é preciso assinalar que tais marcadores desempenham papel relevante em um modelo cognitivo relativo às estratégias de compreensão do discurso, em que o usuário da língua necessita derivar uma macroproposição a partir das proposições do texto.

Assumi acima que talvez nem toda macroproposição deva ser considerada uma boa candidata para definir episódios. Numa história sobre uma festa, a sequência de eventos e ações que constituem o início da história e que podem ser subsumidos sob macroproposições, como "Eu fui convidado para a festa de Pedro", ou "Eu saí" ou "Cheguei à festa de Pedro", usualmente não seriam qualificados como episódios. Sem dúvida, a noção teórica de episódio poderia ter aplicação mais ampla, mas prefiro explicitar um conceito intuitivamente relevante. Por outro lado, fala-se de um episódio, quer no discurso, quer no mundo denotado, se eu, por exemplo, fiquei embriagado na festa ou se, pelo fato de estar embriagado, sofri um acidente de carro. O episódio, nesse caso, parece ter uma função especificada no discurso, por exemplo, narrativa. No meu exemplo, tratar-se-ia do critério do interesse, que define a categoria – *complicação* na narrativa. As macroproposições iniciais podem ter também uma função, como a de situação, mas elas definem antes o correlato teórico de um episódio, como um cenário ou pano de fundo para outros episódios, como lugar, tempo, participantes, etc.

Além disso, parece que, para se ter condições de definir e identificar realmente uma sequência, os eventos ou ações globais não deveriam, como tais, ser estereotípicos ou normais – conforme nosso conhecimento e crenças sobre o mundo. E, finalmente, estas ações ou eventos globais que são apenas preparativos para, ou componentes de, ações ou eventos mais globais e interessantes, não deveriam também ser identificados como episódios. "Sair para uma festa" não é uma meta em si mesma, mas parte de uma ação de nível mais alto (ir a uma festa e participar dela). Ficar embriagado e sofrer um acidente, porém, não é estereotípico, podendo, pois, ser qualificado como episódio. Segue-se que proposições que têm natureza episódica (isto é, definem um episódio textual) são aquelas que não são estereotípicas relativamente a *scripts* ou *frames*, que não podem ser subsumidas por macroproposições de nível mais alto e que têm uma função específica no discurso como um todo. Em outras palavras, os episódios requerem tipicamente metas globais dos participantes, ou ações e eventos que frustram, obstacularizam ou ameaçam a realização de tais metas, chamados "incidentes".

Assim, estudar psicologia pode ser uma meta global na minha vida e, deste modo, uma sequência de eventos ou ações por ela definida pode ser um episódio da minha vida, enquanto o incidente de ser reprovado em um exame ou ser seduzido por minha professora pode ser um episódio dentro de outro mais geral: isto vale tanto para episódios do mundo como para os episódios do discurso a respeito deles.

Temos agora um conjunto de critérios semânticos específicos – e algumas rápidas sugestões para manifestações superficiais destes, que constituem os marcadores de episódios – para a identificação dos episódios no discurso. No entanto, visto que episódios intuitivos são usualmente reconhecidos, especialmente em sequências de eventos e ações, parece que particularmente os discursos sobre eventos ou ações, por exemplo, as narrativas, têm episódios. E os outros tipos de discurso?

Pretendo mostrar que as "narrativas jornalísticas" também têm estrutura episódica: elas tratam de eventos (local, nacional ou internacionalmente) relevantes, apresentam participantes importantes, não são estereotípicas ou são predizíveis apenas em parte e podem ser identificadas no tempo e no espaço.

Do mesmo modo, em livros didáticos de história, partes do discurso podem ser episódios, porque falam de eventos e ações historicamente importantes de uma nação ou do mundo: isto é, ações ou eventos que têm amplas consequências sociais, econômicas, políticas ou culturais, e que são caracterizados pelo mesmo elenco de participantes e delimitados no tempo e no espaço.

Fica, contudo, por verificar se poemas, textos publicitários, teorias psicológicas ou programas de concertos têm "episódios" deste tipo. Eles têm certamente "partes" (funcionais), mas eles não são necessariamente definidos em termos de um evento ou ação global, um elenco de participantes ou parâmetros idênticos de tempo e lugar. É preciso pesquisa adicional para verificar se unidades similares a episódios podem ou deveriam ser identificadas para estes e para outros tipos de discurso. Assim, minhas observações valem provisoriamente apenas para a ampla classe de discursos de evento e ação, da qual as narrativas são um subconjunto.

ANÁLISE DE UM EXEMPLO:
UM RELATO JORNALÍSTICO

Para tornar mais concretas as observações feitas nas seções precedentes, analisaremos um exemplar textual em termos de estrutura episódica. Escolhi um relato jornalístico de *Newsweek* sobre a política exterior americana na América Latina, após a eleição de Reagan para presidente. Este artigo (veja-se Apêndice) trata primordialmente das várias opiniões existentes tanto nos Estados Unidos como na América Latina sobre esta suposta política externa. Isso significa que não se pode simplesmente analisar o texto em termos de eventos e ações, mas seria preciso considerar também as diferentes "opiniões".

Como, porém, estão envolvidos diferentes participantes, diferentes opiniões e diferentes "locações", uma análise episódica parece possível.

A tabela 1 apresenta os episódios, com as sentenças que os constituem e os respectivos critérios de segmentação. Já que pode haver vários níveis de macroestrutura, cabe também distinguir diferentes episódios que são apresentados nas tabelas 2 e 3, respectivamente. Deste modo, o número total de episódios cai de 39 para 12 e 13. Os últimos 13 episódios parecem corresponder às 13 macroproposições não redutíveis do texto. As macroproposições 1 e 2 são, como é de praxe nos relatos jornalísticos, os "sumários" mais gerais, mais altos na macroestrutura, das quais as demais macroproposições constituem especificações.

No nível da estrutura superficial, pode-se observar que estas 13 macroproposições e seus episódios correspondem aproximadamente aos 11 parágrafos do texto.

Mas quais são as propriedades semânticas que definem os episódios nestes respectivos níveis?

Examinemos inicialmente (de forma mais detalhada) o primeiro nível (vide tabela 1). Um primeiro critério para a segmentação parece ser o nível de descrição: as primeiras sentenças exprimem antes (macro)proposições gerais do que sentenças, sumarizando o texto como um todo. São as assim chamadas sentenças temáticas, que aparecem frequentemente no início dos artigos de jornal. Nos diários, são muitas vezes impressas em caracteres *bold* (como o "lead" da narrativa). Assim o tema geral é "mudança na política externa dos Estados Unidos relativamente à América Latina após a eleição de Reagan para presidente". Depois, o tema principal subsidiário é: "Várias reações a essa política na América Latina". Daí por diante, a estrutura geral do artigo é a seguinte: menciona-se algum tópico da política externa latino-americana de Reagan (principalmente pela boca de seu consultor Kirkpatrick), e depois as reações (opiniões, temores, etc.) sobre essa questão tanto dos funcionários da ala esquerda (pró-Carter), como da direita, especialmente governos conservadores.

O número relativamente elevado de episódios para esse texto curto deve-se a esse vaivém recorrente entre uma declaração política dos assessores de Nixon e reações de vários povos da América Latina, ou vice-versa. Entre ambas, encontram-se declarações de jornalistas do *Newsweek*, introduzindo um novo tema ou um novo aspecto de um tema (geralmente questões políticas). Assim, se o nível de descrição for um primeiro critério distintivo – visto que as declarações não podem ser reduzidas à mesma macroestrutura (isto é, possuem diferentes participantes, etc. das sentenças subsequentes), teremos uma mudança de nível como marca do episódio seguinte.

Isto é, passamos do tema geral "mudanças de política" para o mais específico "consequências dessa mudança".

Tabela 1. Segmentação em episódios da "A new team's Latin test"

Episódio Linhas	Sentenças	Critérios de segmentação
1:4-7	Nowhere...Latin America	Introdução temática geral: USA
2:7-8	And nowhere...passion	Introdução temática geral: América Latina
3:8-11	Many governments... White House	Especificação: atitude dos governos da A.L.
4:11-15	In Chile...friends	Especificação: atitude do governo do Chile
5:15-20	and on a tour...found It	Especificação: LA capitals/ Rockefeller (USA)
6:21-23	Most human-rights... region	Especificação: ativistas de direitos humanos
7:24-27	Leaders in Cuba... Washington	Especificação: países de esquerda da A.L.
8:27-31	But for R. administration... on the list	Política administrativa de Reagan
9:31-35	'The most...policy'	Especificação: declarações de Kirkpatrick
10:36-43	Traditional wisdom... K. herself	Os responsáveis pela política de Reagan: a equipe
11:43-51	Kirkpatrick...practices	Kirkpatrick: apresentação e política
12:52-54	Reagan's...governments	Política tradicional de Reagan
13:55-57	'For four...Buenos Aires'	Opinião oficial da Argentina
14:57-68	'That will end...respect'	Opinião de Kirkpatrick: melhores relações, respeito
15:69-72	Among the Carter... liberalize	Opinião dos partidários de Carter, na A.L.
16:72-76	Said Eduardo...everywhere	Especificação: opinião de um partidário brasileiro de Carter
17:76-92	Kirkpatrick...C.'s HR- policy.	Opiniões de Kirkpatrick: política realista de direitos humanos
18:93-97	*Green* Light...Meza	Ministérios do Exterior na A.L.; política dos USA frente à Bolívia?

Episódio Linhas	Sentenças	Critérios de segmentação
19:97-104	'It would be...from us'	Opinião de um diplomata boliviano no exílio
20:104-110	'Reagan aides...nations'	Opinião dos auxiliares de Reagan sobre a Bolívia
21:111-113	The real test...Caribbean	Declaração geral: política nas Caraíbas
22:113-120	The problems...Belize	Opiniões de Kirkpatrick sobre as Caraíbas
23:120-121	Some LA officials... activist	Opiniões de oficiais da A.L. sobre Reagan
24:122-124	The presidents...region	Especificação: Opiniões dos presidentes M. e P.
25:124-129	And one analyst...America	Opinião de analista, no Rio, sobre o anticomunismo
26:129-132	But...them	Opinião de Kirkpatrick: ajuda contra o comunismo
27:133-136	Fourth Place...Sales	Declaração geral: como Reagan ajuda?
28:136-144	'Our whole...demilitarize'	Opinião de Kirckpatrick: venda de armas
29:145-151	The R. administration... conditions	Declaração geral: Reagan ajudará nações não amistosas?
30:151-155	We must...United States	Opinião de Kirkpatrick: apenas sob condições restritas
31:156-157	Moderating influence... controversial	Declaração geral: isto é controvertido
32:157-171	Some analysts...Soviet Union	Especificação: opinião de alguns analistas
33:172-174	Similarly...Cuba	Declaração: política relativa a Cuba
34:174-177	Some LA experts... Havana	Especificação: opinião de especialistas em A.L.
35:177-182	On the basis...Third World	Opinião de Newsweek: pouco provável
36:183-188	Some LA's worry...exists	Atitude na A.L.
37:188-191	"People...diplomat"	Opinião de diplomatas da A.L.
38:191-199	But Kirkpatrick...big way	Opinião de K: regimes democráticos obtêm ajuda
39:199-204	Such talk...action	Avaliação de *Newsweek*

Tabela 2. Episódios de segundo nível em "A new team's Latin test"

Episódios linhas	Critérios de segmentação
1:4-7	- Declaração geral resumidora: mudança de política externa dos USA na A.L.
2:7-8	- Declaração geral resumidora: reações na A.L. à eleição de Reagan
3:8-20	- Governos da A.L.: relevo
4:21-27	- Opinião de ativistas de direitos humanos: grave retrocesso
5:27-35	- Partidários da política de Reagan: propriedades já estabelecidas
6:36-39	- A equipe de transição de R. em ação na política da A.L.
7:39-48	- Kirkpatrick: um importante membro da equipe
8:48-68	- Opinião de K.: política tradicional, melhores relações com a A.L.
9:69-76	- Defensores da opinião de Carter na AL: menos pressão sobre regimes conservadores
10:77-92	- Opinião de K.: política de direitos humanos mais realista que a de Carter
11:93-104	- Ministérios do exterior: o que acontecerá com a Bolívia, reconhecimento?
12:104-110	- Auxiliares de Reagan: critérios diferentes p/ o reconhecimento
13:111-120	- Política de R. nas Caraíbas: contra a agitação
14:120-129	- Reações da A.L.: cruzada contra o comunismo será perigosa
15:129-132	- Opinião de K.: ajudaremos os países contra o comunismo
16:133-155	- Política de R.: venda de armas, mas não a países de esquerda
17:156-171	- A ajuda de Carter está moderando a política na Nicarágua
18:172-177	- Argumento para continuar boa relação com Cuba
19:177-182	- Regan terá uma política diferente c/relação a Cuba
20:183-191	- A A.L. preocupa-se com a ajuda a regimes democráticos
21:191-199	- K. nega isto: vamos estimular as democracias
22:199-204	- Opinião da *Newsweek*: tranquilização; mas como será do pensamento à ação?

Tabela 3. Episódios de terceiro nível em "A new team's Latin test"

Episódios linhas	Critérios de segmentação
1:4-7	- Declaração geral resumidora: A política externa dos USA muda na A.L.
2:7-8	- Declarações gerais resumidoras: reações na A.L. à eleição de Reagan
3:8-20	- Governos da A.L.: relevo
4:21-27	- Opinião de ativistas de direitos humanos: grave retrocesso
5:27-48	- A equipe de R. para a política latino-americana, com Kirkpatrick como membro importante
6:48-68	- A opinião de K.: política tradicional, melhores relações com a A.L.
7:69-92	- Opiniões de Carter e Reagan sobre a política de direitos humanos
8:93-110	- Política relativa à Bolívia: reconhecimento por R.
9:111-132	- Política nas Caraíbas: contra o comunismo
10:133-155	- Ajuda na compra de armas
11:156-182	- Não moderação da ajuda a países de esquerda como Nicarágua e Chile
12:183-199	- Os países democráticos receberão ajuda
13:199-204	- Avaliação de *Newsweek*

Do mesmo modo, no terceiro episódio, obtemos agora as várias especificações: quem está reagindo de que forma? Assim, descemos primeiro ao grupo coletivo dos governos (conservadores), depois encontramos a especificação da reação no Chile, a seguir, uma declaração de Rockefeller, na Argentina. Em outras palavras, testemunhamos primeiro uma troca de participantes: passamos ou de um grupo geral a um membro, ou ocorrem mudanças entre membros de diferentes conjuntos (representantes de Carter *vs.* os de Reagan, ala esquerda *vs.* ala direita de funcionários latino-americanos). Isto significa também, no texto, mudanças no cenário local das respectivas opiniões registradas: os vários países são passados em revista.

Os marcadores de mudança de episódio, em muitos desses casos, são simplesmente as primeiras frases nominais (tópicos sentenciais) das sentenças: "Muitos governos", "No Chile", "Muitos ativistas dos direitos humanos", "Líderes em Cuba", etc. Pode tratar-se de sujeitos, frequentemente indicadores do agente, ou complementizadores de lugar ou tempo. Outra indicação é dada pelos conectivos: diferenças de opinião podem ser introduzidas por *mas*:

"Mas para os membros da administração Reagan..." (1.27). Outro recurso tipicamente jornalístico é não introduzir, em primeiro lugar, o falante ou a opinião seguinte, mas fazê-lo por meio de um discurso direto, seguido pelo nome ou função ou grupo do falante. Finalmente, temos as manchetes, usualmente impressas em negrito, indicando novos temas principais, bem como a paragrafação, como indicações de mudança de episódio.

Já temos agora, para este tipo de texto, os seguintes critérios de determinação dos episódios (e, portanto, da mudança de episódios):

(a) Nível da descrição (geral *vs.* particular)

(b) Participante(s) principal(is): facção de Reagan *vs.* facção de Carter

(c) Lugar (raramente o tempo, neste texto: só presente)

(d) Diferentes temas principais sobre a política latino-americana

(e) Opiniões contrastantes, conflitantes sobre esses temas.

Verificamos, também, que tipo de coerência está em ação. A par do tipo usual de relações condicionais entre ações ou eventos (x diz p e portanto y diz q), observamos vários relacionamentos funcionais entre sentenças e entre episódios (e, portanto, entre macroproposições): temos muitas relações de especificação: uma sentença ou episódio especifica ou apresenta um exemplo de um assunto mais geral. Tal especificação pode constituir a especificação de um tema, de um país (locação), ou do grupo para os membros desse grupo. Além disso, já observamos que *Contraste* desempenha papel importante: diversos porta-vozes dão opiniões conflitantes sobre os respectivos itens políticos. Mais especificamente o Contraste pode tomar a forma de *Contra-argumento*. Não só as duas facções tentam contra-argumentar às opiniões uma da outra, mas também os repórteres da *Newsweek* tentam formular contra-argumentos (embora moderados) ou, pelo menos, dúvidas sobre diversos aspectos da política.

Se analisarmos, agora, a posterior redução dos episódios, isto é, episódios de âmbito mais amplo, como descritos nas tabelas 2 e 3, quais dos critérios mencionados permanecem válidos e quais deveriam ser abandonados? Primeiramente, a dimensão geral específica, isto é, o nível de descrição, permanece: muitas declarações gerais não podem ser reduzidas de forma trivial (a não ser que sejam reduzidas a si mesmas, como macroproposições mais altas) e subsumidas por outras macroproposições com seus episódios específicos subsequentes. Contudo, podemos abstrair a partir dos participantes mais particulares: em vez de falar sobre um funcionário chileno, podemos segmentar um episódio relativo ao "Chile" e ao "governo chileno" como participante. O mesmo vale para os grupos pró-Carter na América Latina. Neste texto, ficamos, pois, com os vários grupos de opiniões diferentes, nos respectivos países.

Depois, temos ainda os temas principais da política latino-americana de Reagan: melhores relações com regimes conservadores, política de direitos humanos mais realista, oposição a regimes comunistas, encorajamento a "jovens democracias", etc. Novamente, os grupos e opiniões diferentes ou mesmo conflitantes parecem ser o principal critério para o estabelecimento de fronteiras entre episódios, neste nível mas alto (ou mais abrangente) da estrutura episódica.

A mudança de cenário dá-se dos Estados Unidos para alguns países latino-americanos, e as mudanças de participantes, de uma facção para outra.

Como conclusão provisória, podemos assumir que este tipo de artigos de jornais ou semanários sobre política (externa) é organizado conforme as seguintes dimensões:

(1) principais dogmas da política;
(2) opiniões daqueles que endossam a política;
(3) opiniões dos que são contrários a ela;
(4) grupos de pessoas afetadas (positiva ou negativamente) pela política e as respectivas opiniões contrastantes;
(5) em relação a estas: as locações variáveis dos respectivos grupos ou povos.

Esta espécie de artigo típico de semanários como *Newsweek*, é meramente uma revisão de várias opiniões. Não apresenta uma análise crítica independente; fornece pouco *background* e poucos fatos ou bons argumentos; ou esboços historicamente motivados de expectativas. Isto significa que há poucas explicações históricas (*background*) e, portanto, poucos episódios com verbos no passado; também não há expectativas ou predições e, portanto, episódios com verbos no futuro (há, porém, alguns vestígios destes na última sentença do artigo, e na passagem que começa na linha 33); as únicas passagens com tempo futuro são aquelas que falam dos planos da facção Reagan, mas o *Newsweek* raramente menciona suas próprias previsões.

Da mesma forma, neste exemplo, as relações funcionais de Contraste entre episódios se estabelecem entre as opiniões dos dois campos, mas não entre estas opiniões, de um lado, e opiniões críticas de repórteres, de outro. O semanário relata, apenas, de modo mais ou menos "balanceado", como será a política do governo dos Estados Unidos ou a do presidente, e suas consequências globais nos diversos países, sendo as consequências dadas em termos da opinião de funcionários. O artigo não investiga as mais importantes consequências possíveis para a situação social e política dos vários povos da América Latina e não dá a avaliação crítica do novo presidente em termos destes valores e normas sociais (o grau de sofrimento de um número maior de pessoas será maior?)

Esta caracterização muito breve e superficial de um artigo típico de semanário americano pode ser também deduzida de suas estruturas episódicas, porque o tipo de temas, o tipo de grupos de participantes, o tipo de relações funcionais (contraste entre partes conflitantes e não contra-argumentos políticos às opiniões) e o papel das opiniões dos próprios repórteres dão um quadro global dos episódios e de suas conexões, diferente daquele que é apresentado quando outros grupos de participantes, outros aspectos temporais (passado, por exemplo), um outro tipo de opiniões (críticas) são dados.

No entanto, mais importante para esta análise é o fato de que também para tipos de textos mais "estáticos", como relatos políticos nos semanários, uma análise episódica faz sentido. Tal tipo de análise especifica como as macroproposições são realizadas no próprio texto, como os episódios podem ser unificados durante a compreensão, como os episódios e, portanto, o (sub)tema podem mudar, como uma organização posterior pode ser atribuída à base textual (por exemplo, através de unidade de lugar, tempo, participante, tema), e que espécie de mudanças de episódio e, portanto, de macroproposição são explicitamente marcadas no texto (novos parágrafos, manchetes, tópico sentencial, etc.).

ALGUMAS IMPLICAÇÕES PARA UM MODELO COGNITIVO

A análise linguística teórica dos episódios, aqui apresentada, pode ter interessantes implicações para um modelo cognitivo de processamento discursivo. Black & Bower (1979) já mostraram que enunciados narrativos tendem a agrupar-se em episódios e que tal aglomerado tem sua relevância cognitiva: se adicionarmos proposições a um episódio, esta "carga total" não afeta a recordação de outros episódios: de modo semelhante, se adicionarmos proposições pouco importantes a um episódio, isto em geral intensifica a memória para proposições episódicas importantes. E Haberlandt, Berian e Sandson (1980) mostraram que os episódios são uma "macrounidade" do discurso; a carga de codificação nos limites de um episódio é mais alta que em outros módulos de um esquema narrativo.

Em pesquisa experimental em desenvolvimento, em Amsterdã (veja-se, por exemplo, den Uyl e van Oostendorp, 1980) foi também constatado que, no início de narrativas de um só episódio, o tempo de compreensão para as primeiras sentenças é significativamente mais alto que para outras sentenças do mesmo episódio (digamos, 800 milésimos de segundo *vs*. 600 milésimos de segundo). A explicação para este fenômeno parece óbvia: o leitor não só precisa entender a sentença, como também ativar o conhecimento de mundo relevante, por exemplo, *frames* ou *scripts*, que podem permanecer ativos na compreensão das sentenças seguintes. Além disso, como tem sido demonstrado pormenorizadamente em meu trabalho com Kintsch & van Dijk (1978) e van Dijk & Kintsch (1977, 1983), a primeira sentença é usada estrategicamente para derivar uma macroproposição. Esta macroproposição permanece na memória de curto prazo pelo resto da interpretação do mesmo episódio. Assim que são interpretadas proposições que não se encaixam na macroproposição, uma nova macroproposição é estabelecida.

Os vários marcadores linguísticos anteriormente mencionados servem como dados estratégicos para esta mudança de macroproposição e, portanto, de episódio: logo que o elenco de participantes, tempo, lugar, circunstâncias e evento ou ação (global) parecem mudar, uma nova macroproposição pode ou deve ser formada, e estas mudanças semânticas são frequentemente expressas na estrutura superficial: paragrafação, pausas, macroconectivos, frases nominais completas (Cf. Marslen-Wilson, Levy e Tyler, 1981).

Com base neste *background* experimental e teórico, o episódio tem diversas funções cognitivas:

A. Como uma unidade adicional na organização de sequências textuais de proposições, ele oferece possibilidades de agrupamentos, isto é, organização adicional ao texto, que em geral permite uma representação mais estruturada na memória e, especialmente, mais fácil recordação.

B. Os episódios são a manifestação textual de macroproposições; adequadamente marcados, eles permitem, pois, estrategicamente, uma derivação mais fácil de macroproposições e, portanto, compreensão melhor e mais rápida do texto como um todo, bem como melhor recuperação e recordação.

C. Os episódios podem ser associados com várias funções textuais e cognitivas, por exemplo, categorias narrativas de uma estória, ou como portadores de "interessabilidade" ou "importância" para certos segmentos textuais e, talvez – para certos tipos – de funções pragmáticas: a conclusão de um argumento ou a coda de uma estória podem indicar qual inferência prática geral deveria ser estabelecida, ou o que deveria ser conhecido, acreditado, realizado.

D. Os episódios podem ser o *locus* para estratégias de coerência local: relações de coerência entre fatos, (re)identificação de referentes por meio de pronomes, possibilidade de deixar implícitas indicações de espaço e tempo podem ter lugar dentro dos limites de um episódio: os usuários da língua, portanto não necessitam procurar pela informação relevante em toda a representação do discurso precedente na memória, mas apenas na representação do episódio em curso.

É claro que se faz necessária pesquisa teórica e experimental adicional para especificar e testar estas hipóteses. A pesquisa anterior, contudo, sugere que blocos discursivos como episódios têm realmente relevantes propriedades cognitivas em termos de interpretação na memória de Curto Prazo; recuperação na memória de Longo Prazo; atualização e recordação; diferenças hierárquicas entre informação mais ou menos relevante; aplicação de estratégias de formação de macroestruturas; aplicação de estratégias de coerência local e as correspondentes buscas de informação na memória; e organização adicional do discurso em termos de categorias funcionais.

CONCLUSÕES

Os episódios parecem ser unidades linguística e psicologicamente relevantes da estrutura e do processamento do discurso.

Constituem unidades semânticas, que podem ser definidas como sequências de proposições de um texto capazes de ser subsumidas por uma macroproposição. Na estrutura superficial, são expressos por sequências de sentenças que, normalmente, correspondem aos parágrafos, e marcados por vários recursos fonéticos, morfológicos, lexicais e sintáticos. Semanticamente, podem ser identificados em termos de (mudanças de) predicado global, denotando um evento ou ação global, um elenco específico de participantes, bem como espaço e tempo coordenados. Considera-se que os episódios do discurso denotam episódios do mundo, isto é, sequências de eventos ou ações de certos participantes em algum período específico. Em geral, tanto para os episódios do mundo como para os do discurso, nós restringimos a identificação dos episódios àquelas proposições (ou ações) que são importantes, interessantes ou "incidentais", isto é, não estereotípicas ou normais. Isto significa que especialmente as macroproposições de nível mais alto, que têm uma função específica, por exemplo, narrativa ou pragmática, recobrem episódios do texto.

Num modelo cognitivo, os episódios parecem funcionar principalmente como organizadores adicionais da base textual, no processamento de curto prazo e na representação de longo prazo, permitindo a derivação estratégica e a aplicação de uma macroproposição e a busca limitada de informação em estratégias de coerência local, bem como melhor recordação devido a esta organização mais elaborada do discurso.

Em adição à pesquisa anterior sobre episódios, temos agora um *insight* um tanto melhor sobre seu estatuto semântico e cognitivo. Contudo, muita pesquisa adicional se faz ainda necessária. Primeiramente, mais pesquisa a respeito dos marcadores de episódios na estrutura de superfície. Em segundo lugar, deveríamos tentar ser mais explícitos sobre quais macroproposições podem ser selecionadas como subsumindo episódios.

Em terceiro lugar, a organização interna dos episódios e funções em categorias de esquemas discursivos estereotípicos precisaria ser melhor investigada. Por fim, as propriedades cognitivas correspondentes necessitam de pesquisa empírica adicional. De modo geral, fica por ser pesquisado se a noção de episódio é também relevante para outros tipos de discurso e não somente para o discurso de ação ou evento.

REFERÊNCIAS

BLACK, John B., & BOWER, Gordon H. "Episodes as chunks in narrative memory". *Journal of Verbal Learning and Verbal Behavior, 1979.*

CHAFE, Wallace. "The deployment of consciousness in the production of a narrative". *In: Chafe*, 1980a.

CHAFE, Wallace, ed. *The pear stories*. Norwood, N. J.: Ablex, 1980b.

VAN DIJK, Teun A. *Some aspects of text grammars*. Haia Mouton, 1970.

VAN DIJK, Teun A. *Text and context*. Londres: Longman, 1970.

VAN DIJK, Teun A. *Macrostructures*. Hillsdale, N. J.: Erlbaum, 1980.

VAN DIJK, Teun A., & KINTSCH, Walter. "Cognitive psychology and discourse". *In: Current trends in text linguistics*. Edited by W.U. Dressler. Berlim/Nova York: de Gruyter, 1977.

VAN DIJK Teun A., & KINTSCH; Walter. *Strategies of discourse comprehension, 1982.*

DIK, Simon C. *Functional grammar.* Amsterdam: North Holland, 1982.

GIVÓN, Talmy. "From discourse to syntax: Grammar as a processing strategy". *In: Givón* (1979b:81-112). 1971a.

GIVÓN, Talmy, ed. *Syntax and semantics 12. Discourse and syntax.* Nova York: Academic Press, 1970b.

HABERLANDT, Karl; BERLIAN, Claire & SANDSON, Jennifer, "The episode schema in story processing". *Journal of Verbal Learning and Verbal Behavior*, 1980.

HINDS, John. "Organization patterns in discourse". *In: Givón*, 1979.

KINTSCH, Walter, & VAN DIJK, Teun A. "Toward a model of discourse comprehension and production". *Psychological Review*, 1978.

LONGACRE, Robert E. "The paragraph as a grammatical unit". *In: Givón*, 1979.

MARSLEN-WILSON, William; LEVY, Elena & TYLER, Lorraine. "Producing interpretable discourse: The establishment and maintenance of reference". *In: Language, place and action.* Edited by R. J. Jarvella and W. Klein. Chicester: Wiley, 1981.

DEN UYL, Martyn; & VAN OOSTENDORP, Herre. "The use of scripts in text comprehension". *Poetics*, 1980.

APÊNDICE

DIPLOMACY
A New Team's Latin Test

Nowhere will U.S. foreign policy change more abruptly—or radically—during the Reagan Administration than in Latin America. And nowhere did the American election arouse greater passion. Many governments in the region have breathed a sigh of relief at the prospect of Ronald Reagan in the White House. In Chile last week Interior Minister Sergio Fernandez happily predicted that "the new United States Government will treat its friends as true friends," and on a tour of several Latin American capitals, Chase Manhattan Bank chairman David Rockefeller told smiling audiences that Reagan would be a realistic President, that he would "deal with the world as he found it."

Most human-rights activists in Latin America viewed the election as a severe setback for democracy in the region, and leaders in Cuba and Nicaragua worried that Reagan's landslide victory would preclude any chance of improvement in bilateral relations with Washington. But for Reagan Administration insiders-to-be, priorities are already being shaped, and rebuilding links with conservative regimes is high on the list. "The most important issue is to repair relations in the region," vows Jeane J. Kirkpatrick, Reagan's top adviser and designated spokesman on Latin American policy.

Traditional Wisdom: The Reagan transition team is already at work putting together a task force to refine Latin American policy. Among the group's likely members: Georgetown University's Roger Fontaine, Pedro San Juan of the American Enterprise Institute, a Washington think tank, and Kirkpatrick herself. Kirkpatrick, a 53-year-old professor of government at Georgetown—and a lifelong Democrat—is expected to play a key role on the transition task force and in the new Republican government itself. "The Reagan Administration," she said last week, "will have higher regard for traditional wisdom and traditional practices."

Reagan's foreign policy will almost certainly be "traditional" in the way it treats many of the region's military governments. "For four years we have been treated as an enemy by the United States," says one official in Buenos Aires. "That will end in January." Kirkpatrick concurs, and accuses the Carter Administration of causing the "rapid deterioration" of relations with all the nations of Latin America. During Reagan's Administration, she says, the emphasis will be on bilateral relations and reciprocity. "We treated the Mexican Government outrageously in our negotiations on the natural-gas contracts," Kirkpatrick

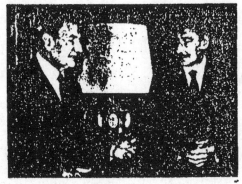

Chase's Rockefeller with Argentina's President Jorge Videla: A return to 'realism'?

contends. "Above all, we should treat them with more respect."

Among the Carter Administration's supporters in Latin America, the greatest fear is that more "respect" will mean less pressure on regimes to liberalize. Said Eduardo Seabra Fagundes, president of the Brazilian Lawyers' Association, "Reagan's election will certainly have negative effects everywhere." Kirkpatrick denies that. "We want a human-rights policy that is realistic and focuses on reasonably attainable goals such as the protection of personal and legal rights," she says. Calling Carter policies "more offensive than effective," Reagan's adviser maintained that future policy will involve a more flexible definition of human

Kirkpatrick: A vow to repair relations

rights. "Carter's policy was concerned only with violations of human rights that derive from governments and no other sources—terrorists, for instance," she argues. "What this has meant in practical terms is that any government that has forcibly attempted to suppress terrorism and guerrilla action has tended to run afoul of the Carter human-rights policy."

Green Light: Foreign ministries in Latin America are watching attentively to see how Reagan handles one policy choice: whether or not to recognize the Bolivian regime of Gen. Luis Garcia Meza. "It would be like a flashing green light to every itchy Latin American general who has ever dreamed of mounting a coup," warns one Bolivian diplomat in exile. "It's a way of saying, 'If you overthrow a constitutional government, you will not hear any complaints from us'." Reagan aides see it differently, and think that diplomatic recognition is inevitable. "I would not make conformity to democratic practices a condition of our continued relations with Bolivia," says Kirkpatrick. "We do not do that with most other nations."

The real test of Reagan's Latin American policy, however, will probably come in Central America and the Caribbean. "The problems in Central America must be dealt with immediately," Kirkpatrick says. In addition to the "near-civil war" in El Salvador and the growing insurgency in Guatemala, she sees the danger of unrest and violence in Costa Rica, Honduras and Belize. Some Latin American officials worry that Reagan will be too much of an activist. The presidents of both Mexico and Panama recently issued warnings against U.S. intervention in the region. And one analyst in Rio de Janeiro warns that "the United States is likely to find itself isolated if it seeks to carry out a crusade against what

NEWSWEEK/NOVEMBER 24, 1980

Violent death in El Salvador: Under Reagan, a 'flexible' definition of human rights

it sees as the spread of Communism in Central America." But, retorts Kirkpatrick, "all the countries seem to be quite vulnerable [to Communism] and we are going to have to help them."

Fourth Place: Just how the Reagan Administration intends to help is unclear. Almost certainly, it will lift Carter's 1977 ban on arms sales. "Our whole military-sales and training-assistance policy is overdue for review," says Kirkpatrick. "The amount of arms acquired in Latin America is at a higher level than ever while the United States has simply fallen to fourth place as a supplier behind France, West Germany and the Soviet Union. That's not progress toward demilitarization."

The Reagan Administration is expected to be much less enthusiastic—and perhaps downright opposed—to aiding nations that it considers "unfriendly." Reagan will have to decide soon after taking office whether to help Nicaragua—and if so, on what conditions. "We must have guarantees about where the aid will go," says Kirkpatrick. "It should *not* be used to assist in the consolidation of power in a one-party state that is hostile to the United States."

Moderating influences: That attitude is certain to prove controversial. Some analysts say the Carter Administration's offer of $75 million in aid is exerting a moderating influence on Nicaragua's Sandinista leaders. They argue that given the Nicaraguan Government's massive economic problems and the destruction left behind by the former regime of President Anastasio Somoza Debayle, Managua is going to need help from the outside world. If Reagan vetoes aid, they maintain, it would only serve to alienate the Sandinista leadership further—and probably force Nicaragua to move closer to Fidel Castro's Cuba or the Soviet Union.

Similarly, the incoming Reagan Administration will have to clarify its stance toward Cuba. Some Latin American experts are urging the Reagan team to continue Carter's tentative efforts to improve relations with Havana. On the basis of current readings, that is unlikely. Reagan can be expected to end any modest good-neighbor policies put in place under Carter and to take a tougher line against Cuba's military and diplomatic activity in the Third World.

Some Latin Americans worry that the Reagan Administration will get so caught up in its new realpolitik that it will not do enough to reinforce democracy in those countries of Latin America where it now exists. "People like President Jaime Roldos of Ecuador are going to be looking over their shoulder from now on," predicts one Latin diplomat. But Kirkpatrick adamantly denies that the incoming Administration will be lax in supporting democratic regimes like the recently restored ones in Peru and Ecuador. "You will see very great efforts by us to nurture democracies in the region," she insists. "That will involve both moral and economic support—and in a very big way." Such talk is bound to reassure Washington's friends in the hemisphere—but it remains to be seen just how quickly and effectively the incoming Reagan Administration can translate such thoughts into action.

DOUGLAS RAMSEY in Washington with LARRY ROHTER in Rio de Janeiro

Copyright 1980 by Newsweek Inc. All rights reserved. Reprinted by permission.

ESTRUTURAS DA NOTÍCIA NA IMPRENSA*

INTRODUÇÃO

O objetivo deste capítulo é propor um quadro analítico para as estruturas do discurso da notícia na imprensa. Dadas as complexidades das estruturas textuais e, portanto, também do discurso da notícia, restringimos nosso enfoque ao que chamamos a organização *global* da notícia. Intuitivamente, isso significa que estamos tratando apenas de estruturas da notícia além do nível sentencial, como as estruturas temáticas e esquemáticas, e que devemos ignorar traços sintáticos, semânticos, estilísticos ou retóricos das sentenças ou conexões sentenciais. Do mesmo modo, também não cuidaremos de questões de organização gráfica, como *layout*, e propriedades não verbais da notícia, como fotografias. Em outras palavras, estamos preocupados mais com macrofenômenos que com a micro-organização do discurso da notícia. Por fim, vamos limitar nossa discussão à notícia do jornalismo diário, não analisando notícias de rádio e TV.

Entendemos por "estrutura temática" de um discurso a organização geral de "tópicos" globais sobre os quais versa um exemplar de notícia. Tal análise temática é realizada à luz de uma teoria de macroestruturas semânticas. Estas constituem a representação formal do conteúdo global de um texto ou diálogo e, portanto, caracterizam parte do sentido de um texto. Os esquemas, por outro

---

* *In* VAN DIJK, T.A. (ed.) *Discourse and Communication*. Berlim, Gruyter Verlag, 1985. Traduzido por Cristina Teixeira Vieira de Melo.

lado, são usados para descrever a *forma* global de um discurso. Usamos o termo teórico *superestrutura* para descrever tais esquemas. Os esquemas possuem uma natureza fixa, convencional (e, deste modo, culturalmente variável) para cada tipo de texto. Assumimos que também o discurso noticioso tem tal esquema convencional, um "esquema de notícia", no qual os tópicos gerais ou o conteúdo global devem ser inseridos. Em outras palavras, as superestruturas esquemáticas organizam macroestruturas temáticas, de modo bastante semelhante àquele como a sintaxe organiza o sentido de uma sentença. De fato, em ambos os casos, tratamos com uma série de categorias formais que determinam os arranjos possíveis e a organização hierárquica das unidades sentenciais e textuais, respectivamente. Prova disso é que a categoria "manchete", no discurso da notícia, tem forma e posição fixas em artigos noticiosos. Vemos, pois, que temas e esquemas, macroestruturas e superestruturas são intimamente relacionadas.

Com este instrumental teórico, estamos aptos a analisar também a noção da análise do discurso, que é de particular importância na caracterização da notícia, a saber, a *relevância*. Mostrar-se-á, de fato, que a notícia tem o que podemos chamar "estrutura de relevância", que indica ao leitor qual informação é mais importante ou proeminente no texto. Obviamente, a manchete também tem um papel especial nessa estrutura de relevância, já que acabamos de assumir que as manchetes expressam o tópico mais "importante" da notícia.

Ainda que o enfoque acima proposto possa contribuir para uma descrição estrutural explícita do discurso da notícia, ele nos diz pouco acerca da dimensão da comunicação (de massa ou mídia) do discurso noticioso. Por que, por exemplo, os artigos noticiosos têm o tipo de estruturas temáticas ou esquemáticas que pretendemos descrever? Qual é o seu papel, função ou efeito nos *processos* de produção e recepção de notícias? Obviamente, há condições sociais, culturais e cognitivas sobre tais propriedades organizacionais das mensagens da mídia. Em outras palavras, assumimos que há uma relação sistemática entre texto noticioso e contexto. Assim, parece plausível que as formas estruturais e os sentidos globais de um texto de notícia não são arbitrários, mas o resultado de hábitos sociais e profissionais de jornalistas em ambientes institucionais, de um lado, e uma condição importante para o processamento cognitivo eficaz de um texto noticioso, tanto por jornalistas como por leitores, de outro.

Portanto, prestaremos atenção, rapidamente, também à dimensão cognitiva das estruturas temáticas e esquemáticas, mas teremos de deixar de lado o contexto social e institucional da produção e uso da notícia, ao qual faremos menção apenas na seção destinada à resenha (seção 2).

Embora este artigo seja primordialmente teórico, nossos exemplos são tirados de um estudo de caso empírico, a saber, a cobertura que fez a imprensa internacional do assassínio do presidente eleito Bechir Gemayel, do Líbano, em setembro de 1982 (van Dijk, 1984a e van Dijk, 1986). Para esse estudo, foram coletados 250 jornais de 100 países, dos quais mais de 700 artigos foram submetidos à análise, tanto quantitativa como (e sobretudo) qualitativa. Portanto, nossas observações sobre estruturas temáticas e esquemáticas da notícia foram alicerçadas em uma base de dados bastante extensa, mesmo que aqui possamos apenas dar alguns exemplos.

BACKGROUND. O ESTUDO DA NOTÍCIA

Obviamente, nosso enfoque da estrutura da notícia, do ponto de vista da análise do discurso, não é independente de *insights* obtidos em outros trabalhos sobre notícias ou o discurso noticioso. Antes de iniciarmos nossa análise, cabe, portanto, fazer algumas observações sobre a pesquisa realizada a partir de perspectivas diferentes ou similares. Com efeito, os últimos anos da década de 70 testemunharam um interesse rapidamente crescente pela produção, conteúdo e organização da notícia na mídia. Vamos realçar apenas alguns marcos desse desenvolvimento.

Comum à maior parte dos estudos da notícia é a perspectiva sociológica, quaisquer que sejam as diferenças nos quadros reais de análise. Pode tratar-se de uma perspectiva macrossociológica, interessada no contexto institucional, profissional e cultural da produção de notícias. Ou de uma análise microssociológica dos hábitos jornalísticos, tomando como dados as regras práticas e os valores ou ideologias da notícia que governam as atividades diárias de jornalistas na coleta e redação da notícia. E, quando se presta atenção a conteúdo, forma ou estilo, tal análise é primariamente voltada para a avaliação de dimensões sociais ou culturais da mídia e comunicação de massas, como entrevistas políticas, engaste institucional ou orientação ideológica de jornalistas ou jornais. Propriedades específicas da notícia são vistas como resultados prováveis ou mesmo necessários dessas condições sociais e culturais. Em outras palavras, o discurso noticioso quase nunca é analisado por si próprio, quer como um tipo específico de discurso (da mídia), quer como uma realização sociocultural específica.

Há umas poucas abordagens puramente estruturais do discurso da notícia, por exemplo, por parte da linguística, da análise do discurso ou de pessoas que trabalham em domínios como a semiótica, a estilística ou a retórica. Contudo, tais pesquisas estruturais raramente são abrangentes. Tomam, usualmente, a notícia como um exemplo ou ilustração de uma análise estrutural de traços discursivos específicos, por exemplo, a seleção lexical como componente do estilo.

Estamos convencidos de que ambos os enfoques são importantes e necessários, mas pensamos também que deveriam ser integrados. Uma análise estrutural "pura" é um exercício teórico praticamente irrelevante, na medida em que não podemos relacionar estruturas textuais com as dos contextos cognitivos e socioculturais da produção e recepção de notícias. O desenvolvimento da linguística e da análise do discurso na década de 70 mostrou, de fato, que um enfoque da língua "livre de contexto", por exemplo, na construção de gramáticas formais é, na melhor das hipóteses, unilateral e, com certeza, empiricamente inadequado. Naturalmente, o mesmo vale para a análise do discurso noticioso. É impossível dar conta, realmente, das muitas restrições específicas sobre as estruturas da notícia, sem especificar suas condições sociais (institucionais, profissionais) ou suas funções sociocognitivas, na comunicação mediada de massas. Por que, realmente, as notícias teriam manchetes e por que devem ser grandes, em tipo **bold** e situar-se "no topo" do artigo noticioso? E, por outro lado, uma sólida análise psicológica, sociológica ou mesmo econômica da produção e consumo da notícia pode ser, no mínimo, incompleta, sem uma caracterização detalhada da natureza do "produto" envolvido nesses processos. Tanto os processos de produção como a compreensão e memorização cognitiva da notícia dependem do "formato" desse produto.

Enfoques macrossociológicos da notícia restringem-se basicamente às dimensões institucionais e profissionais da produção de notícias por jornalistas que trabalham para agências de notícias ou jornais (Tuntstall, 1971; Boyd-Barret, 1980), ou se preocupam com o controle econômico e ideológico da produção de notícias e dos jornais (*e.g.*, Curran, ed., 1978; Gurevitch *et al.*, eds., 1982). Embora tais estudos sejam, sem dúvida, importantes em uma descrição das restrições sociais e, especialmente, das ideológicas sobre jornalistas durante a produção da notícia, eles raramente mostram *como* exatamente tais restrições atuam no processo real de produção e no resultado final: a notícia. Com efeito, é por isso que podemos chamá-los de macroestudos: eles não prestam atenção a microfenômenos. Há exceções, porém, sobretudo na área de análise ideológica da notícia, como no trabalho do Centro de Estudos Culturais Contemporâneos de Birmingham (*e.g.* Hall *et al.*, eds., 1981). Veja-se também Cohen & Young, eds., 1981).

Há, também, um nível intermediário de análise, a saber, o da organização concreta da produção de notícias no interior de instituições noticiosas (Roshco, 1975, Gans, 1979, Schlesinger, 1978, Golding & Elliot, 1975). Tais estudos centram a atenção nas rotinas cotidianas, divisão do trabalho, relações hierárquicas, restrições institucionais tanto da administração como dos leitores/mercado, ou os valores e a cultura que definem as atividades dos jornalistas. Embora essas pesquisas também raramente dediquem atenção à análise concreta da notícia, eles ao menos fornecem um *insight* bastante direto nas restrições profissionais da produção de notícias, como prazo de entrega, furos jornalísticos, sistema editorial, competição e organização cotidiana da coleta e seleção de notícias.

Apesar de não ser possível estabelecer distinções estritas entre enfoques macro e microssociológicos (e nem deveriam ser estabelecidas, cf. Knorr-Cetina & Cicourel, eds., 1982), a observação das rotinas cotidianas da produção de notícias pode ter lugar também numa perspectiva mais "próxima", por exemplo, em termos etnometodológicos (Tuchman, 1978; Fishman, 1980). Neste micronível de análise, diversas dimensões estão "em ação". Não apenas o profissionalismo ou a ideologia e valores da notícia, e não apenas a organização rotineira das práticas de coleta de notícias podem ser observadas numa descrição pormenorizada das práticas cotidianas de participantes enquanto membros institucionais e sociais. Tais quadros e redes (tecidos) fornecem um mecanismo para a produção rotineira de notícias como uma forma de "construção da realidade". Eles definem como os jornalistas "veem" o mundo social e, portanto, os eventos noticiosos, e também suas tarefas especiais na reprodução de tais eventos através de artigos noticiosos na imprensa. Grande parte das notícias parece ser pré-formulada por fontes noticiosas influentes, como a polícia ou outras instituições estatais ou corporativas. Seus relatos, em documentos ou *press releases*, de suas próprias ações já dão ao jornalista uma definição dominante da situação. Através de tais enfoques, que têm também um interessante ângulo cognitivo (tratam das regras, categorias, procedimentos de interpretação que os jornalistas colocam em ação na reconstrução da realidade pela notícia), estamos aptos a ligar o macrocontexto da notícia com os sentidos e formas concretas do discurso noticioso. Mas, novamente, uma análise textual concreta, mesmo nessa perspectiva, é ainda rara.

Finalmente, há uma série de pesquisas, tanto de linguistas como de cientistas sociais, que lidam explicitamente com a análise da notícia *per se*. O trabalho do CCCS (Hall, *et al.* eds., 1981) já foi mencionado acima. Ele tem parte de sua inspiração na pesquisa francesa sobre discurso e análise ideológica, e integra uma análise marxista da produção de mídia com noções desenvolvidas por estruturalistas como Barthes, Pêcheux e Althusser.

De uma perspectiva diferente, mas objetivando também uma leitura "social" da notícia, tem-se o trabalho do Grupo de Mídia da Universidade de Glasgow (1976, 1980, 1982). Suas importantes pesquisas sobre "más notícias" de programas de TV são, de forma sistemática, análises de conteúdo, como também as referentes a entrevistas e à dimensão visual das notícias, especialmente focalizadas em uma cobertura de greve. Mostraram, entre outras coisas, que a suposição, senão a prescrição, de "imparcialidade" das representações da notícia (de companhias radioemissoras públicas como a BBC) é posta em questão pela descrição tendenciosa das greves, em favor daqueles que estão no poder, um viés que pode ser detectado especialmente em pequenos e sutis detalhes do relato noticioso (estilo, turnos em entrevistas, tomadas da câmera, etc.).

Embora esta análise da notícia seja, sem dúvida, sistemática e relativamente explícita, ela ainda não dá conta das estruturas da notícia, de uma perspectiva linguística ou da análise do discurso. Um enfoque gramatical desse tipo encontramos, por exemplo, em Fowler, *et al.* (1979). Eles conseguiram mostrar que o viés da notícia pode ser mesmo expresso nas estruturas sintáticas de sentenças, como o uso de construções ativas ou passivas, que permitem ao jornalista explicitar ou suprimir, em posições de sujeito, o agente dos atos noticiados. Tal enfoque mostra que, mesmo com os instrumentos limitados de uma análise gramatical, podemos encontrar correlatos linguísticos de posições ideológicas de jornais e jornalistas (ver também Kress & Hodge, 1979). Hartley (1982) também trata de estruturas da notícia (na TV), mas o faz de um ponto de vista mais amplo, da análise semiótica do discurso, que permite também a abordagem sistemática de documentários, fotos e quadros (ver também Davis & Walton, eds., 1983).

Grande parte desse trabalho é realizado na Inglaterra, que pode ser considerada o centro mais avançado e mais diversificado teoricamente da pesquisa atual sobre notícias. Apesar das diferenças substanciais entre as várias abordagens aqui mencionadas, esta pesquisa opera uma integração interessante da análise empírica e estrutural com uma dimensão ideológica mais crítica (ver também Downing, 1980). A maior parte das pesquisas americanas sobre notícias tem uma natureza muito mais anedótica (muitas delas escritas por jornalistas). Quando apresentam uma perspectiva crítica, enfocam questões de distorção, direitos civis ou a estrutura do controle organizacional e corporativo da produção de notícias (Epstein, 1973; Diamond, 1978; Bagdikian, 1971; Altheide, 1974; Barrett, 1978; Abel, ed., 1981). Tais pesquisas, frequentemente, tratam de "casos" concretos de descrição: como a mídia cobriu as eleições presidenciais, Watergate, os "tumultos sociais" e eventos sociais semelhantes? Elas podem "descrever" de forma convincente o que está e o que não está sendo coberto, mas raramente analisarão, de fato, os artigos noticiosos, de modo sistemático. Tais estudos não se aprofundam, também, nos quadros ideológicos mais profundos que subjazem à produção de notícias na América.

Por fim, e sem absolutamente tentar ser exaustivo, deveríamos mencionar a importante pesquisa sobre notícias que vem sendo realizada na Alemanha, por exemplo, por Strassner e associados (Strassner, ed., 1975; Strassner, 1982). Embora tal pesquisa tenha um viés linguístico, ela dedica atenção também à dimensão da produção e recepção de notícias. Outros estudos, como os de Kniffka (1980) e Lüger (1983) focalizam detalhes de linguagem e estilo das notícias.

Concluindo este breve panorama dos estudos sobre notícias e o discurso noticioso, verificamos que grande parte da pesquisa recai sobre o "contexto" da notícia, como, por exemplo, as condições práticas, socioculturais ou ideológicas da produção de notícias. Pouca pesquisa tem-se voltado para os textos das notícias em si mesmos e, menos ainda, para as exatas relações entre texto e contexto da notícia. Quando se analisa a notícia, analisa-se, sobretudo, seu conteúdo, que é, sem dúvida, importante, mas é apenas a metade da história, literalmente. Algumas poucas pesquisas linguísticas têm revelado muito sobre a sintaxe local e o estilo da linguagem noticiosa. O que permanece por ser feito nos próximos anos é uma análise do discurso profunda, sistemática e teoricamente fundamentada, de um lado, e uma integração de tal enfoque com as abordagens sociológicas prevalecentes. Infelizmente, este capítulo só pode oferecer uma pequena contribuição para o primeiro objetivo (para detalhes, ver van Dijk, 1988).

ESTRUTURAS TEMÁTICAS

Os usuários da língua e, portanto, também os leitores de jornais têm a importante capacidade de dizer "sobre o que" versava um texto ou uma conversação. São capazes, embora com variação subjetiva e social, de dizer qual é o "tópico" de um discurso. Assim, podem formular o tema ou temas de um texto noticioso, através de declarações como "Eu li no jornal que o presidente não negociará com os russos" ou "Você leu quem ganhou o campeonato europeu de futebol?". Em outras palavras, os usuários da língua são capazes de resumir unidades bastante complexas de informação por meio de uma ou algumas sentenças, que exprimem o ponto principal, o tema ou o tópico da informação. Em termos intuitivos, tais temas ou tópicos organizam o que é mais importante em um texto. Eles definem, com efeito, o "resultado" do que é dito ou escrito (ver Jones, 1977).

As várias noções introduzidas no parágrafo anterior podem ser teoricamente reformuladas em termos de macroestruturas semânticas (van Dijk, 1980). A capacidade dos usuários da língua de derivar tais macroestruturas de um texto é baseada em uma série de regras e estratégias linguísticas e cognitivas (van Dijk & Kintsch, 1983). Tais macroestruturas são denominadas "semânticas" porque, quando falamos sobre noções como "tópico", "tema" ou "ponto" de um texto, estamos lidando com sentido e referência e não, por exemplo, com a forma sintática, mecanismos estilísticos ou retóricos. Também não estamos falando de sentido (local) de palavras ou sentenças isoladas, mas do sentido de fragmentos mais amplos de texto, ou de textos inteiros. Não atribuímos um tema ou tópico a uma sentença, mas a segmentos mais amplos de fala ou texto. Portanto, temas, tópicos e as macroestruturas semânticas que usamos para tornar explícitas tais noções pertencem a estruturas *globais* do discurso. Tomemos, por exemplo, o seguinte texto breve de notícia:

1. Weinberger *vs.* a Imprensa
O Secretário da Defesa Caspar Weinberger está tão irritado com a cobertura feita pela mídia de sua controvertida viagem ao Oriente Médio, que está considerando a possibilidade de proibir repórteres de acompanhá-lo em sua próxima visita ao Extremo Oriente. A principal queixa de Weinberger: ele acha que a imprensa distorceu o sentido de suas declarações, de forma que a disposição dos EUA de vender bombas sofisticadas à Jordânia apareceu como uma decisão final que acarretou um protesto imediato de Israel. Diz um assessor de Weinberger: "Precisamos realmente dessas dores de cabeça quando estamos tratando com governos estrangeiros?" O importante tópico da vendas de armas provavelmente não surgirá em sua viagem ao Extremo Oriente, já que nem a China, nem Taiwan constarão de seu itinerário.

Embora este texto noticioso de um semanário, que pode ser por si mesmo um resumo de discursos noticiosos mais extensos, não seja ideal para demonstrar o papel de tópicos ou macroestruturas na estruturação (ou compreensão) do discurso, pode-se afirmar que ele tem também alguns tópicos centrais. Um aspecto desse tópico global é assinalado pela manchete "Weinberger *vs.* a imprensa". Trata-se, sem dúvida, de um alto nível de abstração a partir de informação contida no texto, visto que fica implícito pela declaração que Weinberger critica a imprensa por ter distorcido suas palavras em recentes negociações de armamento. Mas ela é também uma fórmula um tanto subjetiva, enviesada, deste nível tópico implicitado pelo texto, porque pode sugerir que Weinberger se opõe à imprensa *em geral*, enquanto o texto apenas sugere que Weinberger está cogitando barrar a imprensa de missões exteriores delicadas. Com efeito, esta última sentença exprime, de forma algo mais detalhada, um tópico global mais neutro desse texto, que pode ser resumido, por exemplo, como segue:

2. O Secretário da Defesa dos Estados Unidos, Weinberger, está cogitando em barrar o repórteres em sua próxima viagem ao Extremo Oriente, pois acha que poderiam perturbar conversações delicadas com governos estrangeiros, como aconteceu durante suas conversações sobre armamentos, no Oriente Médio.

E mesmo este texto poderia ser posteriormente sumarizado da forma seguinte:

3. Weinberger está cogitando em não levar consigo a imprensa em sua viagem ao Extremo Oriente, pois reportagens anteriores tiveram efeitos negativos sobre as relações com governos estrangeiros.

E, por fim, este resumo permite ainda uma abstração posterior:

4. Weinberger está cogitando em não levar a imprensa em sua viagem.

Deste exemplo, podemos tirar uma série de conclusões. Primeiro, não há apenas um tópico ou sumário possível de um texto, mas vários. A sumarização pode ocorrer em um contínuo, desde deixar de lado apenas alguns detalhes menos essenciais, em um dos extremos, até deixar de fora toda a informação exceto a mais relevante ou essencial, no outro extremo. Segundo, os tópicos que atribuímos a um texto ou resumo que deles fazemos podem ser subjetivos. Podemos inferir de um texto o que é relevante ou importante *para nós*. Com efeito, *Newsweek* entende a cogitação ou decisão de Weinberger com um ato *contra* a imprensa, e sumariza o texto em uma manchete consistente com esse macrotópico. Terceiro, parte dos tópicos que inferimos desse texto (ou atribuímos a ele) estão formulados no próprio texto: realmente, a primeira sentença do texto da notícia original é virtualmente idêntica a nossos resumos (2) e (3). Quarto, os tópicos são tipicamente obtidos "deixando de lado" os detalhes do texto. Tais detalhes podem ser dimensões de uma situação descrita, como é o caso de razões, componentes e consequências normais da ação. Mas a sumarização não é apenas uma forma de apagamento. Pode envolver também generalização, por exemplo, "Weinberger está irritado com a imprensa" poderia ser uma generalização de várias situações diferentes em que Weinberger não tivesse gostado das ações da imprensa, por exemplo, quando os repórteres distorceram suas declarações anteriores. Por fim, pode ocorrer abstração também pela substituição de uma sequência do texto, que descreva, por exemplo, uma sequência de ações, por um conceito singular (proposição) que não necessita estar expresso no texto. Com efeito, uma sequência de atos de "Weinberger e seus assessores pode, neste caso, ser resumida simplesmente pela sentença Weinberger barra a imprensa de sua viagem".

Nesta primeira análise intuitiva de um exemplo, encontramos algumas propriedades importantes das macroestruturas e os princípios que podem ser usados para inferir ou derivar macroinformação (tópicos) de um texto, por exemplo, por apagamento, generalização e (re)construção. Esses três princípios sumarizadores são denominados macrorregras. Elas reduzem a estrutura de sentido complexa, detalhada de um texto a um sentido (de nível mais alto) mais simples, mais geral e abstrato. É esse nível superior, global de sentido que denominamos macroestrutura de um texto e que identificamos também como o nível em que se descrevem os tópicos ou temas de um texto. As macrorregras, formalmente falando, são recursivas. Podem aplicar-se novamente em cada nível de abstração para produzir resumos cada vez mais abstratos. O resultado é uma macroestrutura hierárquica, que consiste de vários níveis, cada um dos quais constituído de uma sequência de (macro) proposições que "sumarizam" uma sequência de (macro)proposições de nível inferior.

Para evitar o excesso de termos teóricos, usaremos simplesmente os termos estrutura temática, tema ou tópico. Fica, contudo, subentendido que um tema, neste caso, não é simplesmente uma palavra ou um conceito singular, mas uma (macro)proposição. Portanto, "Weinberger" ou "a imprensa" ou mesmo "censura" não é, em nossos termos, um tópico ou tema de nosso texto de amostra, mas a sentença "Weinberger barra imprensa de viagem" expressa uma proposição, podendo, pois, ser um tópico ou tema deste texto.

Vimos que os tópicos podem ser subjetivos. Isso significa que não deveríamos simplesmente dizer que um texto "tem" uma macroestrutura, mas que uma estrutura desse tipo é atribuída ao texto pelo escritor ou leitor. Neste sentido, então, do mesmo modo que os sentidos em geral, os temas ou tópicos são unidades "cognitivas". Representam como o texto é compreendido, o que é considerado importante e como as relevâncias são estocadas na memória. Isso significa que conhecimento, crenças, atitudes e ideologias podem operar na construção e representação cognitiva de macroestruturas. Para sumarizar e compreender globalmente o texto sobre Weinberger, precisamos ter uma grande quantidade de conhecimento político, conhecimento que não é explicitado no texto, mas pressuposto por ele: por exemplo, que é possível ou mesmo usual que repórteres acompanhem importantes funcionários do governo, que relatos distorcidos podem ser uma razão para tensões políticas, etc. Assim, podemos necessitar de esquemas complexos de conhecimento social e político, ou *scripts*, para compreender do que o texto trata (Schank & Abelson, 1977; Schank, 1982).

Por fim, a natureza cognitiva da macrointerpretação exige também um enfoque mais processualmente orientado para a atribuição de tópicos a dado texto. Enquanto as macrorregras abstratas derivam tópicos de um texto *dado*, ou melhor, da sequência de suas proposições subjacentes, isto não é o que um leitor efetivamente faz. Durante a leitura, o usuário da língua, a partir do início de um texto, tem apenas uma ou algumas sentenças e seus sentidos à sua disposição. E, com esta informação limitada, mas com a ajuda de vastas estruturas de conhecimento sobre o contexto ou o tipo de texto, o leitor tentará derivar um tópico provisório tão logo possível, sem esperar até que todo o texto tenha sido lido. Em outras palavras, os leitores usam macroestratégias adequadas para a derivação de tópicos de um texto. Para o discurso da notícia, essas estratégias têm importantes mecanismos textuais para ajudar a construir a estrutura temática, a saber, manchetes e *lead*. Vimos em nossos exemplos anteriores que a manchete e a primeira sentença parecem realmente exprimir pelo menos parte da macroestrutura hipotética de um item noticioso. As manchetes e o *lead* podem, assim, ser usados como sinais *adequados* para fazer previsões eficazes sobre a informação mais importante do texto. Note-se, porém, que expressam antes a macroestrutura do escritor que a do leitor: o leitor pode inserir uma estrutura temática diferente, dependendo de suas próprias crenças e atitudes. E quando uma manchete ou *lead* não é uma sumarização adequada de todo o sentido global de um texto, podemos, formalmente ou subjetivamente, dizer que são distorcidos.

ESTRUTURAS TEMÁTICAS NO DISCURSO DA NOTÍCIA

O enfoque teórico esboçado na seção precedente tem ainda uma natureza relativamente genérica. Serve para o discurso em geral e não é específico para o discurso da notícia. A única observação relativamente específica que fizemos pertence ao papel macroestrutural especial das manchetes e *leads* no discurso da notícia: eles são usados para exprimir ou inferir o tema ou tópico. Há, todavia, outros traços específicos da organização temática no discurso da notícia, tanto de um ponto de vista estrutural, quanto de uma perspectiva cognitiva, mais dinâmica.

Considere-se, por exemplo, o artigo noticioso que se segue, retirado do *Bangkok Post*, sobre a invasão do oeste de Beirute pelo exército israelense. Deixando de lado, por enquanto, as denominações das categorias esquemáticas adicionadas nas margens, às quais voltaremos mais adiante, observamos primeiramente que a manchete expressa apenas um dos tópicos da estrutura temática, a saber, a invasão do oeste de Beirute pelo exército israelense. Outro tópico importante, mencionado no *lead* e que abre a primeira sentença após o *lead*, a saber, o assassinato de Gemayel, não é mencionado na manchete. Segue-se que a manchete é menos incorreta que incompleta. Se dois eventos importantes são cobertos num artigo de jornal, uma única manchete só pode, usualmente, exprimir um deles, que é ou o evento mais recente ou o mais importante. Porém, neste caso, frequentemente encontramos uma manchete menor, acima ou abaixo da manchete principal, que é o que também acontece no artigo do *Bangkok Post*. Tais manchetes secundárias costumam expressar importantes causas ou consequências.

A primeira sentença do artigo especifica, então, alguns detalhes do segundo tópico principal: atores, instrumento (bomba), características do instrumento, outros participantes (vítimas) e, por fim, as consequências do assassinato. O segundo parágrafo, também uma sentença complexa, especifica similarmente alguns detalhes do outro tópico principal, a saber, as razões do exército israelense para a invasão. Até agora, obtemos o seguinte quadro da *realização* da

134

estrutura temática em um texto noticioso: o tópico mas. alto ou mais importante é apresentado na manchete, o topo da macroestrutura completa do texto é formulado no *lead*, e as sentenças ou parágrafos iniciais do texto expressam um nível ainda inferior da macroestrutura, apresentando detalhes importantes a respeito de tempo, local, participantes, causas/razões ou consequências dos eventos principais. Isto significa que a organização linear, isto é, tanto no sentido de esquerda para direita como de cima para baixo, em termos do *layout* do artigo, quanto linear, no sentido do processo de leitura, de um texto noticioso é um mapeamento *top-to-bottom* da macroestrutura semântica subjacente.

O terceiro parágrafo do texto volta ao tópico do assassinato e especifica características pessoais e políticas do protagonista principal, Gemayel, bem como especulações sobre as consequências políticas e militares do assassinato. E a maior parte do resto do artigo traz também particularidades sobre o assassinato, seu *background* e consequências. Isto significa dizer que, quando tanto os detalhes da história como sua extensão são levados em conta, o artigo, na sua quase totalidade, "é sobre" o assassinato de Gemayel, e apenas tangencialmente sobre a invasão israelense no oeste de Beirute. Contudo, a manchete sugere que este último tópico é o mais importante, mesmo cobrindo apenas um pequeno parágrafo do texto.

Encontramos aqui uma ocorrência que se pode chamar "tendenciosidade" da manchete: um tópico do texto que organiza somente parte de sua informação é promovido a tópico principal. E o tópico que, estruturalmente falando, domina a maior parte da história é expresso somente por uma manchete inserida em parte do artigo. A razão para esse "viés" na assinalação de tópicos através de manchetes não precisa ser ideológica ou política, mas parece ser determinada por uma regra jornalística implícita de organização: os últimos eventos principais são mais importantes. Esta regra baseia-se no princípio de atualidade da imprensa. O que vemos no *Bangkok Post* ocorre também em outros jornais que trazem tanto a história do assassinato de Gemayel, como da invasão do oeste de Beirute. A invasão constitui o "último desenvolvimento", devendo, portanto, ter maior proeminência, "eclipsando" os eventos anteriores. Estes, então, podem tornar-se meras causas, condições ou razões para os eventos posteriores. A condição para a aplicação dessa regra é, naturalmente, que o evento posterior seja também de grande valor noticioso, como é o caso da ação dos israelenses. O que testemunhamos aqui é um aspecto da assim chamada *estrutura de relevância* do texto da notícia. A estrutura temática representa uma coleção formal ou subjetiva de tópicos, cada um dos quais organiza parte dos sentidos do texto. O artigo noticioso, porém, pode exprimir ou atribuir, através de vários mecanismos, diferentes valores de relevância aos tópicos desta hierarquia, por exemplo, por meio da manchete, *lead* ou ordem linear do texto. Se representarmos a estrutura temática do artigo noticioso do *Bangkok Post* em um diagrama esquemático (ver figura 1), observaremos que o texto não necessita seguir a forma da estrutura temática da esquerda para a direita, nem mesmo de alto a baixo: a consequência do assassinato, a saber, a invasão, é mencionada primeiro e na posição mais proeminente (no alto, em tipo *bold*). Assim, a relevância pode sobrepor-se à hierarquia temática. Observamos também, no entanto, que podemos esperar *primeiramente* a informação de nível mais alto de um tópico dado, como é o caso do assassinato.

Tentemos identificar os outros tópicos, de nível inferior, da história, em sua ordem de realização no texto, a começar pelo terceiro parágrafo e tomando cada parágrafo como uma unidade temática:

5. a) Morte de F pode levar a novas lutas no Líbano
    b) O governo abalado adiou a divulgação da notícia
    c) A população entrou em pânico
    d) A fronteira Israel-Líbano foi fechada
    e) Wazzan denunciou veementemente o assassinato
    f) Sarkis anunciou luto e enterro oficiais
    g) O corpo de G. achado horas mais tarde
    h) Ninguém assumiu a responsabilidade do assassinato
    i) Muçulmanos contrários à eleição de Gemayel
    j) Houve atentados anteriores contra Gemayel
    k) Reagan diz que a notícia é um choque para o povo americano
    l) Begin telegrafou condolências ao pai de Gemayel
    m) Draper continuou negociações em Israel
    n) Begin e Draper estabelecerão um cronograma para a retirada
    o) Arafat, em Roma, instou Israel a negociar pacificamente
    p) Arafat acusou Israel da morte e de crimes de guerra

Vimos que a ordem da apresentação dos temas não é apenas determinada pela importância temática, mas também pelo princípio da "recência" que encontramos acima. Há temas sobre consequências imediatas ou posteriores ao assassinato (temas *a* até *e*): declarações oficiais, reações dos cidadãos. Somente depois obtemos mais informação sobre o evento principal em si: *quando* e *como* o corpo foi encontrado, quem poderia ter feito isso, e somente com o tópico (i) chegamos às condições e possíveis razões ou pano de fundo do assassinato: eleição controvertida, atentados anteriores. Toda essa informação é, ainda, altamente genérica. A história do *Bangkok Post* é, por assim dizer, ela mesma, um sumário das histórias fornecidas pelas agências noticiosas (no caso, UPI e AP). Este artigo, por exemplo, especifica que os muçulmanos "relembraram seu papel como comandante militar da Falange durante a amarga guerra de 1975-76", mas não especifica o que Gemayel efetivamente fez durante a guerra civil, como muitos outros jornais o fizeram na sua cobertura do assassinato.

O jornal também não especifica as razões políticas da oposição contra Gemayel. O leitor não obtém tais pormenores, mas pode, obviamente, reconstruí-los por meio do conhecimento sobre a situação no Líbano, obtida de reportagens políticas anteriores, isto é, do assim chamado *modelo de situação* na memória. Este modelo é a representação na memória de experiências e informação acumuladas sobre dada situação, tal como foram interpretadas por um indivíduo (van Dijk & Kintsch, 1983; van Dijk, 1984b). Tal modelo fornece especificações, e os elementos do texto podem "ativar" (Schank, 1982) elementos de informação do modelo. Ao mesmo tempo, o leitor ativará, naturalmente, conhecimento e atitudes mais gerais sobre guerras civis, muçulmanos ou cristãos, e sobre as possíveis atrocidades cometidas durante uma guerra civil. Esta informação geral, socialmente partilhada, do *script* é combinada com informação atual, pessoal ("recordada") do modelo e com a nova informação do texto da notícia, para formar um novo modelo, a saber, sobre os eventos atuais do assassinato e a invasão. Ao mesmo tempo, o novo modelo pode ser utilizado para *atualizar* o modelo mais geral previamente existente, da situação no Líbano. Cognitivamente falando, portanto, o objetivo da leitura de um artigo de jornal é construir um modelo particular da situação ou evento de que trata o texto, e, por meio de um tal "retrato" particular da situação atual, atualizar modelos mais gerais. Estes, por fim, podem ser usados para formar ou modificar *scripts* ou *frames* mais abstratos, por exemplo, sobre guerras civis, política internacional ou atores específicos como Israel ou os EUA, em nosso exemplo.

Os temas de um texto noticioso não são apenas relevantes na construção de uma estrutura de sentido geral do próprio texto, sua assim chamada "base textual" (Petöfi, 1971), mas têm também um papel importante na ativação, recuperação e (trans)formação de modelos de situação na memória. Em geral, portanto, tópicos de nível elevado de um texto podem tornar-se também "tópicos" de nível superior (macroproposições) na representação de um modelo. E, de modo oposto, o que representamos como a "definição de uma situação" de nível superior pode ser usado para construir tópicos para um texto. Em nosso exemplo, modelos específicos sobre as ações do exército israelense no Líbano ou atitudes sobre a política relativa ao Oriente Médio do governo de Israel podem levar a uma representação de nível superior do assassinato não apenas como uma condição ou razão para a ação israelense, mas também como um pretexto para o controle sobre o oeste de Beirute. Esta é, pelo menos, a avaliação global de muitos jornais e comentaristas.

Quando examinamos os outros temas da lista apresentada em (5) vemos que, a partir do tema (k), o foco permanece novamente nas consequências do assassinato: declarações de importantes atores da notícia (Begin, Reagan, Arafat), informação adicional sobre o contexto político atual de todo o evento, a saber, as negociações sobre a retirada de tropas estrangeiras do Líbano.

Se compararmos esta realização linear dos respectivos tópicos deste texto com a estrutura hierárquica apresentada na figura 1, notamos que a *estratégia de produção do discurso noticioso* global atua de acordo com os seguintes movimentos ou passos:

(i) Ativar o *modelo da situação atual*, tal como foi formado pela interpretação de outros relatos noticiosos, despachos de agências e outros conhecimentos e crenças sobre a situação no Líbano e no Oriente Médio.

(ii) Derivar uma *estrutura temática* global deste modelo de situação, com objetivo de expressar esses temas através de um texto noticioso (em um contexto comunicativo, para o qual o jornalista tem também um modelo que, porém, vamos ignorar aqui).

(iii) Decidir quais dos temas principais da estrutura temática são os mais relevantes e importantes, dado um sistema de valores da notícia, ou outras normas, rotinas ou ideologias jornalísticas, como "recência", negatividade, pessoas da elite, nações de elite, etc.

(iv) Iniciar a produção real pela expressão do tema principal mais relevante como manchete, e o resto da estrutura de topo de temas como o *lead* de um artigo noticioso.

(v) Cada parágrafo seguinte deverá desenvolver um tópico de nível imediatamente inferior, de acordo com os seguintes princípios de produção (estratégias de escrita):

a) Consequências importantes vêm em primeiro lugar.

b) Detalhes de um evento ou ator sucedem-se à menção global do evento ou pessoa.

c) Causas ou condições de eventos são mencionadas após o evento e suas consequências.

d) Informação contextual e de *background* vem por último.

Naturalmente, os passos dessa estratégia complexa são hipotéticos e apenas aproximados. Eles explicam, em termos cognitivos, o que um jornalista faz (ou deve fazer) durante a escrita de um texto noticioso, e como esse processo resulta nas estruturas características de um artigo noticioso na imprensa. Encontramos diversos mecanismos centrais de monitoramento nesse processo de produção, a saber, *conhecimento geral de scripts e atitudes* ou ideologias (incluindo valores da notícia), *modelos* gerais da situação e, por fim, um sistema de *movimentos práticos de produção* que opera na realização, linearização e expressão concretas dos temas. Essas instâncias controladoras em conjunto definem a *estrutura de relevância* do artigo noticioso concreto, tanto para o jornalista como para o leitor. Já que a estrutura temática nos diz quais tópicos são mais gerais e quais são mais detalhados, ela fornece também uma estratégia organizacional já feita para a produção: toma os temas de nível superior em primeiro lugar e trabalha de cima para baixo, observando os critérios de relevância. Isto significa que, em textos noticiosos concretos, obtemos, de certo modo, uma distribuição cíclica "em partes" de cada tópico: primeiro os níveis do topo de cada triângulo (ver figura 1), e depois os respectivos níveis inferiores de cada triângulo, aparentemente (pelo menos para este exemplo), indo da direita para a esquerda (consequências antes de eventos, eventos antes de condições).

Observe-se que estas estratégias cognitivas de produção são bastante diferentes da produção de outras narrativas que não as jornalísticas. Naquelas, em princípio, cada tópico é concluído, iniciando-se com pormenores (ou um sumário inicial ocasional, especialmente nas narrativas da conversação cotidiana – ver Ehlich (ed.), 1980; Quasthoff, 1980), e da esquerda para a direita, isto é, de causas, condições, circunstâncias ou uma situação para as ações e eventos em si, com os resultados ou consequências por último (ignoramos aqui transgressões literárias da norma específica). Tão logo as narrativas noticiosas imitem esse padrão narrativo em que a linearidade da realização temática é igual à linearidade dos eventos, já não é mais o critério da relevância que desempenha o papel principal, mas um outro princípio estético, persuasivo ou de outro tipo, como a criação dramática da "tensão". Alguns relatos noticiosos sobre o assassinato de Gemayel, por exemplo, em jornais populares (como o *Bild Zeitung* alemão), têm com efeito, uma organização parcialmente narrativa de tal tipo (voltaremos a isso na próxima seção).

Temos, agora, alguns *insights* sobre a natureza formal e cognitiva dos temas ou tópicos no discurso (da notícia), e sobre sua organização hierárquica e sua realização linear num artigo noticioso. Verificamos que muitos princípios controladores estão em ação na realização da estrutura temática no texto. Aparentemente, a realização depende de *categorias semânticas* específicas para a organização das ações, eventos ou situações, como "condições", "consequências", "detalhes", "razões" ou "participantes". Este é, de fato o caso. Os conceitos organizacionais da estrutura temática parecem ser úteis na produção (e compreensão) da notícia, se assumirmos que "consequências" vêm antes de "condições", de acordo com um princípio geral de "recência". O mesmo vale para as relações de *especificação*, que relacionam macroestruturas com microestruturas e, portanto, com as palavras e sentenças concretas do texto. Enquanto as macrorregras e macroestratégias derivam tópicos a partir das microestruturas locais, as operações de especificação atuam em direção oposta. Dado um tópico, elas o "elaboram". Novamente, não se trata de um processo arbitrário e, especialmente em artigos noticiosos, ele parece seguir restrições bastante especiais. Detalhes de uma ação, por exemplo, não são dados necessariamente em sua ordem (crono)lógica. Em nosso exemplo, vimos que o primeiro parágrafo especifica primeiramente os agentes, depois o tempo ou data, depois o instrumento

FIGURA 1

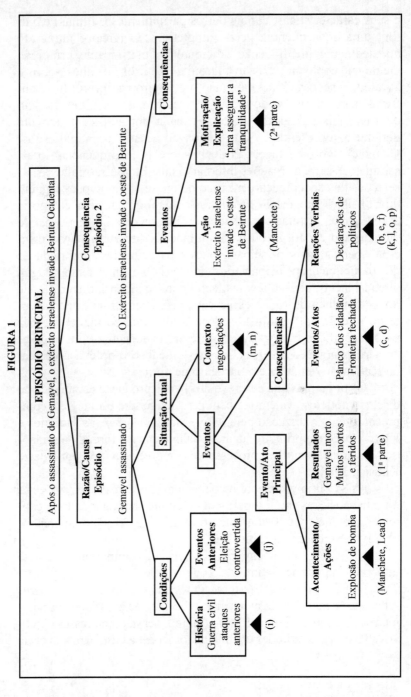

e suas características, depois outros participantes (vítimas) e, por fim, uma consequência geral (hipotética). O terceiro parágrafo apresenta um identificação adicional do participante principal, Gemayel, como um cristão maronita e outros detalhes sobre a "violência sectária" mencionada no primeiro parágrafo: lutas entre as tropas (cristãs) de Gemayel e as forças muçulmanas. Isto continua nos parágrafos seguintes, cada um acrescentando um detalhe à representação que temos do evento principal, sobre Gemayel, sobre a situação política, sobre as consequências do assassinato e sobre as reações internacionais. Em outras palavras, as relações de especificação, no caso de um tema noticioso, seguem uma "trilha" categorial específica, de tal modo que cada categoria é ciclicamente tratada em maior ou menor detalhe (dependendo da extensão do artigo ou da amplitude da cobertura): ação principal, personagens principais, outros participantes, propriedades dos participantes principais, propriedades do evento (tempo, lugar, circunstância), consequências, condições, contexto, história e, de novo, detalhes de todas essas categorias, em ordem decrescente de relevância. Pesquisa empírica adicional se faz necessária para especificar as regras ou estratégias exatas envolvidas nessas "macro-operações inversas" de especificação e ordenação linear da realização temática em um texto de notícia.

Os princípios que descrevemos para a produção estratégica do discurso noticioso valem também para sua leitura estratégica, compreensão e memorização pelo leitor. Manchetes e *leads* são lidos e interpretados em primeiro lugar, e sua informação formal ou semântica inicia um complexo processo de compreensão (ver van Dijk & Kintsch, 1983):

(i) São primeiramente reconhecidas como manchetes e *leads* jornalísticos e, assim, estabelecem ou confirmam o modelo de contexto comunicativo "Estou lendo o jornal", que envolve interesses, objetivos e crenças específicas.

(ii) Ativam conhecimentos e crenças de importância, e essa importância pode ser "admitida" (ou não).

(iii) Suas proposições subjacentes ativam e instanciam *scripts* relevantes e modelos da memória. Após a ativação, e dados os parâmetros do contexto comunicativo (tempo, ocasião, interesses objetivos), tais *scripts*, atitudes e modelos fornecem a base para a decisão

"Eu (não) estou interessado em obter informação sobre esse tópico ou questão".

(iv) Indicam ou expressam macrotópicos relevantes, que podem ser estrategicamente usados para construir os níveis mais altos da base textual e do modelo de situação particular para este artigo. Este(s) tópico(s) provisórios de nível superior podem ser usados como mecanismos de monitoração *top down* para a compreensão e organização do resto do texto (ver Kozminsky, 1977).

(v) Os primeiros parágrafos são usados para construir macroproposições completas, para confirmar (ou rejeitar) as macro-hipóteses iniciais do leitor, e para, posteriormente, ampliar a macroestrutura e o modelo do texto. O mesmo ocorre com relação aos parágrafos posteriores, que fornecem detalhes de nível inferior do sentido global.

(vi) A *distribuição* descontínua de tópicos no texto noticioso pode ser estrategicamente posta sob controle pela função de monitoração dos tópicos centrais, a estrutura hierárquica dos temas e as categorias semânticas, por exemplo, "causa" ou "consequência" de subtópicos. Isto é, uma estrutura tópica "embaralhada" pode ser novamente "desembaralhada" através da estrutura temática.

Embora tais hipóteses teóricas sejam baseadas em pesquisa empírica sobre outros tipos de texto, cabe-nos ainda verificar experimentalmente se, de fato, elas se mantêm também para a compreensão do discurso noticioso (ver Thorndyke, 1979)

ESQUEMA DA NOTÍCIA

Tendo discutido a macrossemântica do discurso da notícia, passamos agora à macrossintaxe. Isto é, assumimos que os artigos noticiosos têm também uma *forma* convencional, um esquema que organiza o conteúdo global. Para discutir tal forma global de organização das macroestruturas (semânticas), usamos o termo teórico *superestruturas*, mas, para facilidade de referência, usamos também simplesmente o termo mais geral "esquema".

A noção de "esquema" tem uma longa tradição em psicologia, onde foi usada por Bartlett (1932) para denotar a organização de conhecimento na memória. Esta noção foi retomada na década de 70 para denotar os aglomerados cognitivos que acima foram denominados *scripts* ou que Minsky (1975) chamou de *frames* (Norman & Rumelhart, (eds.) 1975). Tais estruturas de conhecimento estendem-se também ao que as pessoas conhecem sobre a organização de tipos de ação ou de discursos específicos, como narrativas (Rumelhart, 1975).

Seguindo sugestões da poética estrutural, da semiótica e da linguística, propôs-se que tais esquemas narrativos podem ser descritos por algum tipo de "gramática", a saber, uma *gramática da narrativa* (Mandler, 1978). Tal gramática da narrativa, de modo bem similar a uma gramática linguística que especifica estruturas sintáticas, consiste de:

1) um conjunto de categorias características; e

2) um conjunto de regras de formação, que especificam o arranjo linear e hierárquico das categorias em uma estrutura narrativa "bem formada".

Desde o final dos anos 70, um debate bastante acirrado vem-se desenvolvendo quanto à adequação formal e empírica de tais gramáticas da narrativa (Black & Wilensky, 1979; van Dijk, ed., 1980; Wilensky, 1983 e comentários). A ideia de uma gramática narrativa foi especialmente criticada por pesquisadores em Inteligência Artificial. Argumentavam eles que, deixando de lado problemas formais, as gramáticas narrativas eram supérfluas: as estruturas narrativas poderiam ser simplesmente descritas em termos de estruturas de ação, isto é, com termos como "plano" ou "meta".

Não é aqui o lugar de discutir os detalhes deste debate. De fato, ambos os enfoques têm muito em comum, por exemplo, porque também as gramáticas narrativas apresentam termos teóricos da ação. E faltam a ambas as direções de pesquisa importantes distinções teóricas. Assim, poderíamos distinguir cuidadosamente entre estruturas de ação e estruturas de *discurso de ação*. Já que as narrativas são um tipo especial de discurso de ação (e nem todo discurso de ação é uma narrativa), caberia ter em mente que a descrição que as pessoas fazem das ações humanas não é necessariamente organizada do modo como as próprias ações o são. Com efeito, narrativas espontâneas na conversação apresentam frequentemente uma espécie de sumário, que, evidentemente, não é uma propriedade que encontramos em sequências de ações de que esse tipo de narrativa trata. Além disso, tanto nas descrições da Inteligência Artificial como em gramáticas narrativas, não se faz distinção sistemática entre a descrição global, completa de uma história e sua descrição local, em termos de sentenças ou proposições.

Assumimos, portanto, que as superestruturas ou esquemas narrativos podem ser explicitamente descritos em termos de categorias e regras (ou estratégias) convencionais. Contudo, tais categorias e regras não operam num nível local, mas sim num nível global. As categorias pertencem, pois, a unidades de sentido globais, ou seja, a macroproposições ou temas, e devem ter uma natureza convencional. Elas precisam analisar uma narrativa espontânea em unidades que são típicas das histórias de nossa cultura. Se estas sempre começam com um resumo, por exemplo, faz sentido introduzir a categoria convencional de sumário como parte da estrutura narrativa. Em vários ramos da Análise do Discurso, tais categorias para unidades formais globais têm sido frequentemente propostas. Assim, Labov & Waletsky (1967) já sugeriam que as narrativas espontâneas apresentam categorias como Orientação, Complicação, Resolução, Avaliação e Coda (ver também Labov, 1972).

É exatamente isso que pretendemos fazer para o discurso da notícia. Quaisquer que sejam os critérios e, portanto, independentemente de sentidos locais ou globais do discurso noticioso, assumimos que há um esquema fixo, convencional, que consiste de categorias típicas (pelo menos em parte) do discurso da notícia. Cada categoria deve corresponder a uma sequência específica de proposições ou sentenças do texto. A ordem das categorias, tal como é especificada pelas regras, determina também, portanto, o arranjo global das respectivas sequências ou episódios (van Dijk, 1982).

Os esquemas das notícias, devido à sua natureza convencional, são conhecidos, pelo menos implicitamente, pelos seus usuários em dada cultura, isto é, por jornalistas e leitores. Categorias óbvias para um tal esquema da notícia são, por exemplo, *Manchete* e *Lead* (usam-se iniciais maiúsculas para indicar o uso de categorias superestruturais). Como em nossa cultura praticamente todos os discursos são encabeçados por uma Manchete, podemos tomar a Manchete como a primeira categoria, a que abre o esquema. Muitos jornais, no entanto, não têm um *Lead* separado, marcado por tipos **bold**, de modo que essa categoria é opcional. Na figura 2, tentamos representar estas outras categorias a serem aqui discutidas.

De modo muito semelhante às estruturas sintáticas de sentenças, os esquemas de textos podem ter também situações semânticas específicas. Isto é, não podemos simplesmente inserir *qualquer* (macro)proposição em qualquer categoria. É este também o caso da Manchete e do *Lead*, como vimos anteriormente. Ambos expressam diretamente as macroproposições de nível mais alto do discurso noticioso. Funcionam juntos como um sumário do discurso da notícia e, assim, nós os agrupamos juntos sob a categoria de nível mais alto do *Sumário*. Observamos acima que tais sumários também podem ser encontrados em narrativas conversacionais cotidianas (Quasthoff, 1980). Similarmente, categorias sintáticas podem estar relacionadas a restrições fonológicas específicas, como *stress* e entonação. O mesmo vale para Manchete e *Lead*, mas em relação com o *layout* gráfico: eles vêm impressos "no alto", "primeiro", em tipos **bold** grandes e, se houver mais de uma coluna, recobrindo as várias colunas. Estas regras de "expressão" podem, naturalmente, ser ligeiramente diferentes para cada cultura ou cada jornal.

Outras categorias bem conhecidas da notícia são, por exemplo, *background* e citações a que chamaremos *Reações Verbais*. *Background* deve dominar aquelas porções de texto em que se dá informação que não é parte dos eventos noticiosos atuais enquanto tal, mas que fornece o contexto social, político ou histórico geral ou as condições desses eventos. A seguir, não nos devemos esquecer naturalmente de introduzir a categoria que domina a descrição destes eventos que são propriamente notícia, a que podemos chamar *Evento Principal*. E, para recordar os leitores do que "aconteceu antes" (e, assim, ativar seus modelos de situação relevantes), temos frequentemente a categoria de *Eventos Prévios*. Em nossa análise do artigo noticioso do *Bangkok Post,* verificamos, em seguida, devido ao princípio da "recência", que a notícia dedica atenção especial aos resultados ou consequências dos eventos. Portanto, introduzimos a categoria geral de *Consequências*, capaz de organizar todos aqueles eventos que são descritos como tendo sido causados pelo Evento Principal. O mesmo artigo revelou que, frequentemente, não há apenas um evento principal, mas vários. Em termos formais, isto significa que a categoria do Evento Principal é *recursiva*: pode ser repetida (ao menos teoricamente) *n* vezes, de modo muito semelhante como a categoria de Adjetivo é recursiva ("uma árvore grande, alta, bela...").

146

FIGURA 2

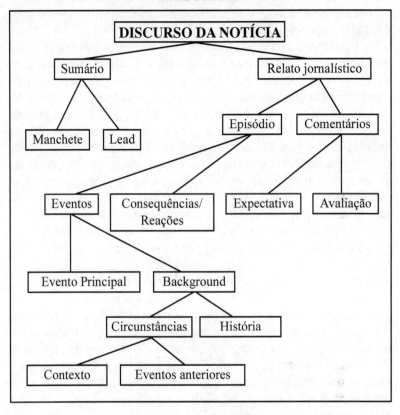

Uma maneira ligeiramente diferente de ordenar Eventos Principais é considerá-los não como uma série arbitrária, mas como uma unidade coerente, por exemplo, como um *Episódio*, para o qual valem, por exemplo, certas restrições semânticas. O primeiro Evento Principal de um Episódio pode, nesse caso, exigir que seja preenchido com um tema que é a causa ou condição do tema a ser preenchido pelo segundo Evento Principal de um Episódio. (Observe-se que as categorias formais do esquema não têm em si mesmas tais relações de sentido como "causa" ou "consequência" umas com relação às outras. Este é apenas o caso para os temas ou macroproposições que são inseridas nos vazios do esquema.)

No final de um artigo noticioso, muitas vezes encontramos uma seção *Comentário*, contendo conclusões, expectativas, especulações e outras informações – frequentemente do jornalista – sobre os eventos. Como muitas outras categorias do esquema, esta categoria naturalmente é opcional: temos também artigos noticiosos bem formados sem esses Comentários.

Finalmente, há uma complexa categoria *Background* a ser levada em conta. Não necessitamos analisá-la e podemos inserir aqui todas as macroproposições que resumem porções (episódios) do texto que não tratem de eventos principais da notícia ou de suas consequências. Contudo, há vários tipos de *background* e assumimos provisoriamente que eles podem ser rotineiramente distinguidos – pelo menos por profissionais. Assim, temos *história* como a categoria que organiza toda a informação noticiosa de natureza histórica geral: eventos do passado indiretamente relacionados com a situação ou eventos presentes. Em nosso exemplo do assassinato de Gemayel, a informação sobre a guerra civil no Líbano constitui um bom exemplo. Tal informação fornece uma perspectiva histórica ao *conjunto* da situação atual e, assim, apenas indiretamente para algum evento específico da situação atual, a saber, o assassinato. A *História* é diferente dos *Eventos Prévios*, porque esta última categoria trata de um evento específico, que precede quase diretamente os eventos principais atuais e que pode ser tomada como uma causa ou condição direta dos eventos atuais. E, por fim, podemos usar a categoria de *Contexto* para organizar informação sobre a situação atual que acabamos de mencionar e na qual o evento principal é um elemento significativo. Assim, as negociações de Draper sobre o Líbano formam o contexto político atual do assassinato de Gemayel.

Embora seja possível apresentar especificações teóricas bastante evidentes para essas várias categorias de *background*, sua aplicação a textos concretos pode ser, muitas vezes, menos fácil, especialmente se houver apenas pouca informação de *background*, altamente integrada. Neste caso, história, eventos prévios e contexto podem vir amalgamados. Em nosso exemplo, a informação sobre a eleição de Gemayel pode ser tomada como Eventos Prévios, a saber, como aqueles elementos que são recentes e que, provavelmente, constituem uma condição direta ou mesmo uma causa do assassinato atual. Contudo, a eleição (e, portanto, também a nova eleição após a morte de Gemayel) podem ser tomadas também como Contexto, a saber, como "controvérsia sobre a presidência do Líbano". Similarmente, os atentados anteriores contra a vida de Gemayel poderiam ser vistos como Eventos Prévios e, nesse caso, o assassinato é representado simplesmente como um terceiro atentado em uma sequência. Mas, já que eles ocorreram muito antes, e como parte das consequências da guerra civil, poderiam também ser vistos como História. Tais dificuldades de atribuição categorial e, portanto, de análise prática não são, porém, muito sérias. Elas apenas mostram que também as superestruturas podem ter certa ambiguidade e depender da interpretação formal ou pessoal da informação do texto. É, todavia, importante que possamos *em princípio* fazer tais distinções, porque elas podem ser relevantes para algum tipo de texto noticioso, mesmo que em outros textos de notícia algumas das categorias estejam ausentes, possam fundir-se ou permitir designações ambíguas.

REGRAS E ESTRATÉGIAS

Agora que já introduzimos informalmente as categorias experimentais de um esquema de notícia, poderíamos – naturalmente – verificar também como elas são *ordenadas*. Afinal, a ordenação das categorias deve determinar também o arranjo da informação no texto, como a realização sequencial dos tópicos, como foi discutido na seção anterior. Alguns dos princípios ordenadores são sequenciais e já foram discutidos acima. Assim, Sumário (Manchete e *Lead*) vem sempre em primeiro lugar e comentários, geralmente, no fim. A seguir, pode-se levantar a hipótese de que a maioria dos textos noticiosos inicia-se com o Evento Principal após o Sumário. A análise dos dados empíricos de muitos jornais de diversos países revela que este é realmente o caso (ver van Dijk, 1984a, 1986). A informação sobre o atentado a bomba contra Gemayel (tempo, local, instrumento, circunstâncias) geralmente abre o "corpo" do texto. Em seguida, podem aparecer no texto várias categorias de *background*, como História ou Contexto. Por razões teóricas, assumimos que Eventos Prévios e Contexto estão "mais próximos" aos Eventos Principais e, por isso, deveriam, de preferência, seguir a categoria Evento Principal, como é de fato o caso. Porém, as regras são muito menos rígidas nesse caso. Podemos ter também a História primeiro e depois o contexto. A ordenação, nesse caso, é, portanto, opcional. Reações verbais geralmente são ordenadas próximas ao final do artigo, antes dos Comentários, como também verificamos no artigo do *Bangkok Post* (que não possui uma seção de comentário no fim).

Destas poucas indicações sobre as regras de ordenação, podemos concluir que algumas regras são bastante rígidas e gerais, enquanto outras têm uma natureza muito mais opcional, não constituindo mais do que "preferências", que podem diferir de cultura para cultura, de jornal para jornal, de jornalista para jornalista. Neste caso, as regras formais não são mais algorítmicas, mas tornam-se variáveis (como são muitas regras sociolinguísticas, ver Sankoff, 1980), ou mesmo estratégias adequadas (van Dijk & Kintsh, 1983). Aqui tocamos em conhecidos problemas da teoria linguística, tais como a distinção entre sistemas de regras formais e os usos concretos e variáveis de tais sistemas. De nosso ponto de vista cognitivista, contudo, não existe um problema real. Tanto regras como estratégias têm natureza cognitiva e os usuários da língua podem usar tanto regras fixas tal como são partilhadas em uma comunidade, como regras mais variáveis e estratégias dependentes de contexto, orientadas, na produção e compreensão do discurso. Já discutimos a possibilidade de que princípios de relevância venham a afetar a estrutura final de um artigo noticioso. Isto significa que categorias usualmente colocadas próximo ao final de um artigo noticioso, como Reações Verbais, Comentários ou Consequências podem vir em posição mais à frente, se a informação nelas contida for suficientemente relevante. Em termos formais, tais permutas ou deslocamentos podem ser descritos como *transformações* de um esquema (canônico). Assim, em geral, transformações de relevância envolvem fronteamento de categorias.

Um problema muito mais interessante e complicado é, contudo, a ordenação *descontínua* característica do discurso da notícia. Nas seções anteriores, já foi observado que os temas nas notícias podem ser apresentados "em partes". Detalhes sobre o Evento Principal do assassinato de Gemayel podem ser dados através do texto, em graus decrescentes de relevância ou especificação. Como os temas são os conteúdos dos espaços vazios das categorias da notícia, isto implica que também as próprias categorias são realizadas de forma descontínua no texto. Com efeito, Evento Principal abrirá o corpo da narrativa da notícia, mas a categoria poderá "voltar" no resto da história. Do mesmo modo, podemos encontrar bem cedo no artigo alguns fragmentos de comentários ou Reações Verbais (ver também o artigo do *Bangkok Post*). Esse problema é sério porque o esquema não somente deveria nos dizer que funções categorias verbais podem ter os temas na notícia, mas também em

150

que ordem convencional ou canônica eles costumam aparecer. As complicações teóricas deste problema não podem ser discutidas aqui em detalhes. Entendemos que tanto a estrutura temática como a esquemática do discurso noticioso têm uma natureza abstrata. Isto é, independentemente da realização concreta dessas estruturas, elas apresentam os temas e suas inter-relações, e as funções noticiosas típicas (categorias) que esses temas podem ter no texto. Na produção concreta, outras restrições começam a operar, como relevância, "recência" e talvez ainda outras. Isto significa que o esquema da notícia se torna o *input* (um *input* entre outros conhecimentos e princípios) para *estratégias de produção*. Tais estratégias dizem ao escritor que temas e que categorias deveriam vir primeiro, e *quanta* informação de cada tema ou categoria. Se atentarmos agora para o esquema da notícia na figura 2 como parte de uma estratégia de produção, deveríamos não apenas realizar o texto da esquerda para a direita, mas também de cima para baixo *no interior* de cada categoria. Ou seja, primeiro a informação de nível mais alto de Evento Principal, depois talvez a informação mais alta em Consequência, a seguir informação de alto nível de História ou Contexto, e assim por diante, voltando, depois, ao nível mais baixo de informação de Evento Principal e de forma similar para as demais categorias. Tal estratégia pode operar facilmente porque os conteúdos terminais de cada categoria têm uma organização macroestrutural: precisamos apenas *"esgotar a leitura"* dos níveis superiores de cada tópico para saber que a informação é mais "geral" e, portanto, qual informação deveria vir primeiro. Esta é também a estratégia seguida por *leitores* em sua recordação de textos: as macroproduções de nível mais alto são recordadas primeiro e melhor (van Dijk & Kintsch, 1983).

Nossas últimas observações sugerem que um tratamento puramente formal, estruturalista, dos esquemas da notícia tem suas limitações. Ele nos permite especificar estruturas noticiosas fixas, canônicas, mas dificilmente as muitas variações e as estratégias dependentes de contexto. Não dá conta da interação de diversas condições que operam "ao mesmo tempo", como temas, esquemas (parciais), princípios de relevância e "recência". Estes têm natureza cognitiva e a estrutura concreta do discurso da notícia deveria, assim, ser caracterizada em termos de toda a informação que entra nessas estratégias de produção. Decisões de relevância têm algumas condições gerais, condições partilhadas (tais como os valores noticiosos do jornalista), mas também condições mais específicas, que derivam do conhecimento da situação atual e, portanto, de nossos modelos. O assassinato de Gemayel não é apenas importante, e o tema não é só relevante no discurso noticioso sobre tal evento, porque é um evento violento (negativo), um crime e dirigido contra uma pessoa de elite, conforme especificariam os valores da notícia para a seleção ou atenção. É também a especial situação política do Líbano e o papel do presidente na restauração da ordem nesse país que tornam este assassinato tão proeminente. Além do mais, ele satisfaz um padrão preestabelecido que organiza o modelo dos jornalistas sobre a situação no Líbano e no Oriente Médio (violência, lutas entre facções, conflito internacional, etc.). E como o assassinato se encaixa nesse padrão conhecido, é também mais fácil "vê-lo" e "interpretá-lo" como um evento noticioso e, assim, pode-se atribuir-lhe maior importância e relevância mais elevada.

Somente um modelo cognitivo pode dar conta de todas essas condições complexas. Não só está envolvida a produção do texto "como tal", mas também os usos de *scripts* e modelos, a interpretação sociopolítica dos eventos da notícia e as restrições e rotinas institucionais dos jornais na transformação dos eventos noticiosos em discurso noticioso. Um enfoque cognitivo pode incorporar e integrar essas várias restrições e tipos de informação, tanto para o jornalista como para o leitor. Ele explica os processos de produção e também os resultados de tais processos na estrutura concreta da notícia. O mesmo vale para processos de compreensão, que discutimos com relação a temas, na seção 4 (ver Findahl & Höijer, 1981; Höijer & Findahl, 1984; van Dijk & Kintsch, 1983; van Dijk, 1986). Na linha das descobertas em psicologia cognitiva sobre narrativas, por exemplo, entendemos que tais esquemas textuais facilitam a compreensão, armazenamento e recuperação da memória. E, apesar dos resultados negativos em algumas pesquisas experimentais (por exemplo, Thorndyke, 1979, que não usou esquemas de notícia adequados), acreditamos que tanto a estrutura temática quanto o esquema da notícia ajudam o leitor a organizar informação na memória, que é uma condição primária para a (melhor) recordação e o uso dessa informação.

Se os esquemas da notícia forem profissionalmente conhecidos e partilhados, eles também facilitarão a produção de notícias. Eles organizam a complexidade por vezes desconcertante dos temas da notícia e permitem ao jornalista esquadrinhar estrategicamente sua memória ou bases "exteriores" de informação, como serviços de documentação. Com efeito, os jornalistas podem, rotineiramente, procurar ou indagar por (mais) *background* sobre um evento da notícia e, assim, mostrar que canonicamente se espera que tal categoria ocorra em um artigo noticioso. O mesmo pode ser dito de outras rotinas sociais de produção de notícias e sua relação com os processos cognitivos da redação da notícia

CONCLUSÕES

Neste artigo, apresentamos propostas para a análise sistemática de estruturas da notícia na imprensa, focalizando, em especial, estruturas globais como tópicos ou temas e esquemas superestruturais. Concluímos, a partir de um breve retrospecto de alguns estudos sobre notícias na última década, que há pouco trabalho especificamente voltado para as estruturas do discurso noticioso *per se*. Grande parte da pesquisa apresenta um viés sociológico e trata de rotinas profissionais, controle institucional ou ideológico da notícia. Algumas abordagens microssociológicas e poucos estudos linguísticos recentes aproximam-se, contudo, de uma descrição dos sentidos e formas das notícias. Uma orientação à luz da análise do discurso pode integrar essas diferentes direções de pesquisa.

A análise global do discurso da notícia lida com estruturas de nível superior, que se estendem para além do estudo de palavras ou frases singulares. Neste capítulo, distinguimos entre sentidos globais ou tópicos, tratados em termos de macroestruturas semânticas, de um lado, e esquemas formais, considerados em termos de superestruturas, de outro. Mostrou-se como temas e esquemas se relacionam no discurso da notícia. Uma propriedade típica de ambos é, por exemplo, serem realizados de forma descontínua através do texto da notícia. Os esquemas da notícia são definidos com a ajuda de categorias convencionais das notícias, como Sumário, Evento Principal e *Background*, e suas respectivas subcategorias. Mostrou-se, finalmente, que, para dar conta das estruturas concretas da notícia, nas quais princípios de relevância e de "recência" têm também um importante papel a desempenhar, uma orientação cognitiva e estratégica deveria ser dada à formulação dos usos de tema e esquema no discurso de notícia. Esse enfoque cognitivo fornece também o vínculo com as condições sociais da produção de notícias/rotinas, valores noticiosos e ideologias.

BILIOGRAFIA

ABEL, Elie (ed.). *What's news. The media in American society*. San Francisco: Institute for Contemporary Studies, 1981.

ALTHEIDE, David L. *Creating Reality. How TV news distorts reality*. Beverly Hills, Ca: Sage, 1974.

BAGDIKIAN, Ben H. *The information machines*. Nova York: Harper and Row, 1971.

BARRETT, Marvin. *Rich news, poor news*. Nova York: Crowell, 1978.

BARTLETT, F.C. *Remembering*. Londres: Cambridge U.P., 1932.

BLACK, John B. & WILENSKY, Robert. An evaluation of story grammars. *Cognitive Science*, 1979.

BLUMLER, Jay G. & KATZ, Elihu, eds. *The uses of mass communications*. Beverly Hills, Ca: Sage, 1974.

BODY-BARRET, Oliver. *The international press agencies*. Londres: Sage/Constable, 1980.

COHEN, Stanley & YOUNG, Jock, eds. *The manufacture of news. Deviance, social problems and the massa media*. Londres: Sage/Constable, 1981.

CURRAN, James (ed.). *The British Press: A Manifesto*. Londres: Methuen, 1978.

DAVIS, Howard & WALTON, Paul, eds. *Language. Image. Media*. Oxford: Blackwell, 1983.

DIAMOND, Edwin. *Good news, bad news*. Cambridge, Mass.: MIT Press, 1978.

DOWNING, John. *The media machine*. Londres: Pluto Press, 1980.

VAN DIJK, Teun A. *Macrostructures*. Hillsdale, NJ: Erlbaum, 1980.

VAN DIJK, Teun A. Episodes as units of discourse analysis. *In:* D.Tannen, ed. *Analyzing discourse: Text and talk*. Washington, DC: Georgetown U. P., 1982.

VAN DIJK, Teun A. *Structures of international news. A case study of the world's press*. Report for Unesco. University of Amsterdam. Dept. of General literary studies. Section of Discourse Studies, 1984a.

VAN DIJK, Teun A. Episode models in discourse processing. *In:* R. Horowitz & S.J. Samuels (eds.). *Comprehending oral and written language*. Nova York: Academic Press, 1984b.

VAN DIJK, Teun A. *News as discourse*. Nova York: Longman, 1986.

VAN DIJK, Teun A. (ed.). *Story comprehension. Poetics* 8, nrs. 1-3 (special issue), 1980.

VAN DIJK, Teun A. & KINTSCH, Walter. *Strategies of discourse comprehension*. Nova York: Academic Press, 1983.

EHLICH, Konrad (ed.), *Erzählen im Alltag*. Frankfurt: Sührkamp, 1980.

EPSTEIN, Jay. *News from nowhere*. Nova York: Random House, 1973.

FINDAHL, Olle &. HÖIJER, Birgitta. Studies of news from the point of view of human comprehension. *In:* G. Cleveland Wilhoit & Harold de Bock, eds. *Mass Communication Review Yearbook*. Vol. 2. Beverly Hills, Ca.: Sage, 1981.

FISHMAN, Mark. *Manufacturing the news*. Austin, Tx: University of Texas Press, 1980.

FOWLER, Roger, Hodge, Bob, Kress, Gunther, Trew, Tony. *Language and control*. Londres: Routledge & Kegan Paul, 1979.

GANS, Herbert. *Deciding what's news*. Nova York: Pantheon Books, 1979.

GLASGOW University Media Group. *Bad News*. Londres: Routledge & Kegan Paul, 1976.

GLASGOW University Media Group. *More bad news*. Londres: Routledge & Kegan Paul, 1980.

GLASGOW University Media Group. *Really bad news*. Londres: Writers and readers, 1987.

GOLDING, Peter & ELLIOTT, Philip. *Making the news*. Londres: Longman, 1971.

GUREVITCH, M. Bennett, T., CURRAN, J. & WOOLLACOTT, J. (eds.). *Culture, Society and the Media*. Londres: Methuen, 1982.

HALL, Stuart, *et al.*, eds. *Language, culture, media*. Londres: Hutchinson, 1980.

HARTLEY, John. *Understanding news*. Londres: Methuen, 1982.

HARTMAN, Paul, & HUSBAND, Charles. *Racism and the mass media*. Londres: Davis-Poynter, 1974.

HÖIJER, Birgitta, & FINDAHL, Olle. *Nyheter, Forstaelse, och minne,* Ph. D. Diss, Estocolmo: Studentlitteratur, 1984.

JONES, Linda Kay. *Theme in English expository discourse*. Lake Bluff, Ill.: Jupiter Press, 1977.

KNORR-CETINA, K. & CICOUREL, A.V. (eds.). *Advances in social theory and methodology. Towards an integration of micro- and macrosociolagies*. Londres: Routledge and Kegan Paul, 1981.

KNIFFKA, Hannes. *Sociolinguistik und empirische Textanalyse. Schlagzeilen und Leadformulierungen im amerikanischen Tageszeitungen*. Tübingen: Niemeyer, 1980.

KOZMINSKY, Ely. Altering Comprehension: the efects of biasing titles on text comprehension. *Memory and Cognition* 5, 1977.

KRESS, Guenther & HODGE, Robert. *Language as ideology*. Londres: Rotledge and Kegan Paul, 1979.

LABOV, William. The transformation of experience in narrative Syntax. *In:* W. Labov. *Language in the inner city*. Filadélfia, Pa: University of Pennsylvania Press, 1972.

LABOV, William, & WALETZKY, Joshua. Narrative analysis: Oral versions of personal experience. *In:* J. Helm, ed. *Essays on the verbal and visual arts*. Seattle, Washington: Washington University Press, 1976.

LÜGER, Heinz-Helmut. *Pressesprache*. Tübingen: Niemeyer, 1983.

MANDLER, Jean. A code in the node: The use of story schema in retrieval. *Discourse Processes*, 1978.

MINSKY, Marvin. A framework for representing knowledge. *In:* P. Winston, ed. *The psychology of computer*. Nova York: Mc Graw-Hill, 1975.

NORMAN, Donald A. & RUMELHART, David E. (eds.). *Explorations in Cognition*. San Francisco: Freeman, 1975.

PETÖFI, János S. *Transformationsgrammatiken und eine ko-textuelle Texttheorie*. Stuttgart: Athenaeum.

QUASTHOFF, Uta M. *Erzählen in Gesprächen*. Tübingen: Narr, 1980.

ROSHCO, Bernard. *Newsmaking*. Chicago: University of Chicago Press.

RUMELHART, David. Notes on a schema for stories. *In:* Daniel G. Bobrow & Allan Collins, (eds.). *Representation and Understanding*. Nova York: Academic Press, 1975.

SANKOFF, G. *The social life of language*. Filadélfia, Pa.: University of Pennsylvania Press.

SCHANK, Roger. *Dynamic Memory*. Cambridge U.P., 1982.

SCHANK, Roger C. & ABELSON, Robert P. *Scripts, Plans, Goals, and Understanding*. Hillsdale, NJ: Erlbaum, 1977.

SCHLESINGER, Philip. *Putting 'reality' together*. BBC News. Londres: Constable, 1978.

STRASSNER, E. *Fernsehnachrichten*. Tübingen: Niemeyer.

STRASSNER, E. (ed.). *Nachrichten*. Munique: Fink, 1975.

THORNDYKE, Perry W. Knowledge acquisition from newspaper stories. *Discourse Process*, 1979.

TUCHMAN, Gaye. *Making news*. Nova York: Free Press.

TUNSTALL, Jeremy. *Journalists at work*. Londres: Constable, 1971.

WILENSKY, Robert. Story grammars versus story points. *The Behavioral and Brain Sciences*, 1983.

Israeli troops re-enter west Beirut

BEIRUT — Israeli forces moved into west Beirut yesterday to "insure quiet" after the assassination of Lebanese president-elect Bashir Gemayel, the Israeli military command in Jerusalem said.

After Gemayel's assassination

Unidentified assassins killed Gemayel Tuesday with a 204-kg (450 lb) bomb that took more than 26 lives, wounded 60 other people and returned Lebanon to relentless sectarian violence.

"As a result of the assassination of Bashir Gemayel, Israel Defence Forces entered west Beirut in order to prevent possible severe occurrences and in order to insure quiet," a statement by the Israeli military command said.

The death of the Maronite Christian, only nine days before he was to be inaugurated as Lebanon's president, raised fears of a new round of fighting between Gemayel's troops and Muslim forces in the deeply divided country.

The Government, shocked at the first assassination in Lebanese history of a person elected president, delayed confirming the death of the 34-year-old right-wing leader for nine hours.

All crossings between east and west Beirut were closed and panicky residents jammed gas stations and bakeries stocking up in fear a continued closure would lead to shortages of essential items.

An Israeli Army spokesman said the border between Israel and Lebanon was sealed off yesterday for all but military personnel, barring journalists and other civilians from crossing the frontier.

"With great pain I face

(cont.)

MAIN EVENT
TECEDENTS
DIRECT AN

Gemayel

this shocking news with the strongest denunciation for this criminal act," Prime Minister Chefik Wazzan said late Tuesday in an official statement about Gemayel's death.

President Elias Sarkis ordered seven days of official mourning and a state funeral yesterday in Gemayel's hometown of Bikfaya.

Six hours after the blast, Gemayel's mangled body was pulled from the rubble. Government sources said it could only be identified by his ring.

PLOT

Despite the charges of a plot, no one claimed responsibility for the blast.

Gemayel was elected over the protests of most Muslims, who remembered his role as the Phalangist military commander during the bitter 1975-76 civil war.

Twice before — in March 1979 and February 1980 — enemies tried to kill Gemayel with car bombs. The second blast killed his 18-month-old daughter.

"The news of the cowardly assassination ... is a shock to the American people and to civilised men and women everywhere," President Reagan said in a statement issued from the White House.

CRIMINAL

In Jerusalem, Israeli Prime Minister Menachem Begin cabled his condolences to Gemayel's father, Pierre, saying he was "shocked to the depths of my soul at the criminal assassination."

US Mideast envoy Morris Draper yesterday met with Begin in Jerusalem and vowed to negotiate an Israeli and Syrian withdrawal from Lebanon despite complications caused by Gemayel's death.

Begin's Press spokesman, Uri Porath, said Begin and Draper agreed to work out a timetable for the withdrawal of all foreign forces from Lebanon.

Meanwhile in Rome, PLO chairman Yasser Arafat yesterday urged Israel to "return to its senses" and negotiate for a peaceful settlement of the Middle East conflict.

In a 19-minute speech at the Inter-Parliamentary Union, boycotted by Israeli delegates, Arafat blamed Israel for the murder of Gemayel and called on the parliamentarians to set up a special panel to investigate Israel's "war crimes" in Lebanon. He accused Israel of trying to turn Lebanon into a "protectorate." — UPI, AP

MODELOS NA MEMÓRIA – O PAPEL DAS REPRESENTAÇÕES DA SITUAÇÃO NO PROCESSAMENTO DO DISCURSO*

INTRODUÇÃO

Na última década, a psicologia cognitiva vem desempenhando um papel cada vez mais importante na semântica do discurso. Verificou-se que noções como as de "coerência" e a de "interpretação relativa" em geral eram dificilmente explicadas em termos puramente linguístico/gramaticais ou de estrutura textual apenas (van Dijk, 1977). Necessita-se para tanto de uma teoria explícita da organização e aplicação do conhecimento na compreensão do discurso, por exemplo, em termos de *frames* ou *scripts* (Schank & Abelson, 1977; van Dijk & Kintsch, 1983). O léxico cognitivo, como uma abstração linguisticamente monitorada de tais estruturas cognitivas, fornece as relações conceituais que definem parte da coerência semântica de um discurso.

Todavia, esta "unidade" intuitiva do discurso não é primariamente baseada em relações conceituais (intensionais) entre palavras ou sentenças numa sequência textual, mas antes em condições referenciais (extensionais):

1. a) Na semana passada, assisti a uma conferência em Roma.
   b) Esta foi uma boa ocasião para praticar meu italiano.

---

* *In Models in memory*, University of Amsterdam, 1988. Segunda versão, tradução de Ingedore Koch.

O fato desta sequência poder ser interpretada como um fragmento coerente de discurso não se deve tanto aos liames de "significado" entre as frases subsequentes, como acreditávamos nas primeiras gramáticas de texto, mas às relações (supostas) entre os "fatos" a que estas frases se referem. A *dêixis* correferencial, tal como expressa por *eu* e *meu*, é parte integral de tal relação entre fatos. Assim, a primeira sentença se refere a um fato, por exemplo, uma ação, que deve ser tomado como condição, relativamente à qual a segunda faz sentido, já que praticar o italiano é um fato (ato) possível dentro da situação de estar em Roma (nosso *frame* de conhecimento geográfico obviamente suporta a inferência de que Roma fica na Itália, e que as pessoas, na Itália, falam italiano). Com efeito, se substituirmos "Roma" por "Moscou", o fragmento discursivo torna-se – em um (con)texto explanatório adicional – menos coerente, e uma sentença subsequente como "Ela esqueceu-se de molhar as plantas", seria, do mesmo modo, menos coerente após uma sentença sobre minha presença numa conferência em Roma. E a expressão *esta* em (1, b) somente será interpretável se assumirmos que ela é correferente ao ato de minha assistência a uma conferência em Roma, um ato igualmente referido pela primeira sentença. Portanto, é errado dizer que *esta* faz referência à primeira sentença ou à proposição que a ela subjaz (ver, por ex., Halliday & Hasan, 1976). Assim, a correferência, como parte da coerência, não deve ser definida em termos de relações sentenciais ou proposicionais, mas em termos de relações verbalmente expressas entre fatos denotados e seus elementos, por exemplo, participantes individuais e sua identidade ou continuidade através de fatos (van Dijk, 1977).

Numa semântica do discurso de inspiração lógica, tais visões, evidentemente, não são novas (Petöfi, 1979; Kamp, 1981; Seuren, 1985). Afinal, a semântica formal tem sido verifuncional e, portanto, referencialmente extensional, desde o início, e seus desenvolvimentos intensionais posteriores geralmente são baseados neste quadro extensional. Em linguística, mas também em psicologia cognitiva, não tínhamos ainda os instrumentos teóricos adequados para dar conta desta espécie de interpretações relativas em termos de referentes e suas estruturas. Enquanto a interpretação lógica pode ser calculada em termos de condições de valor de verdade relativamente a mundos possíveis, ou mais abstratamente, com relação a estruturas de modelos, tais noções não eram consideradas numa semântica cognitiva. Nas primeiras teorias do processamento cognitivo do discurso, era simplesmente assumido que os usuários da língua constroem uma representação mental do texto na memória episódica (Kintsch & van Dijk, 1978). Uma tal representação textual (RT) explica muito sobre a compreensão do discurso, por exemplo, o fato de que as macroestruturas são memorizadas melhor e por mais tempo que as microestruturas textuais, tais como palavras e sentenças. Contudo, estritamente falando, a RT, definida em termos de conceitos e proposições, não nos permitirá tratar nem mesmo de uma dimensão tão fundamental da coerência como a correferência, nem, mais genericamente, das relações condicionais entre fatos.

Para resolver não só este, como uma série de outros problemas, também a teoria cognitiva da linguagem e da compreensão (ou produção) do discurso introduziu a noção de "modelo" (mental) (Johnson-Laird, 1983; van Dijk & Kintsch, 1983). Isto é, assume-se que, adicionalmente à *representação mental do texto, os usuários da língua constroem um modelo da situação (MS) sobre a qual* o discurso versa. Em última instância, pois, os discursos são coerentes apenas com relação a tal modelo na memória: se os usuários da linguagem forem capazes de construir (ou recuperar) um modelo satisfatório de um discurso, então diremos que "entenderam" o texto, e somente então podemos dizer que – para este usuário da língua o texto é coerente. Um interessante produto adicional desta interpretação de discurso baseada em modelos é, com efeito, que a compreensão e, portanto, o estabelecimento da coerência podem ser subjetivos e portanto variáveis. Este artigo especifica e posteriormente desenvolve algumas ideias sobre este papel dos modelos mentais no processamento discursivo (para maiores detalhes, veja também van Dijk & Kintsch, 1983; van Dijk, 1985, 1987b).

UMA CARACTERIZAÇÃO INTUITIVA DOS MODELOS MENTAIS

Antes de tentarmos ser mais sistemáticos, uma breve análise intuitiva é necessária para especificar a natureza e o papel dos modelos de situação na memória. Sugerimos que as pessoas, quando leem um texto, não apenas constroem uma representação desse texto. Tal representação textual é importante para dar conta do fato de que os usuários da língua são capazes de reproduzir parte do que efetivamente foi dito (antes) em um texto, incluindo (às vezes) sintaxe específica, expressões lexicais e sentidos expressos. Ao mesmo tempo, contudo, os usuários da língua também tentam "imaginar" do que trata o texto, por exemplo, as coisas, pessoas, atos, eventos ou estados de coisas a que o texto ou o falante se referem. Um modelo de situação é a noção cognitiva que dá conta deste tipo de "imaginação" em que os usuários da língua se empenham quando compreendem o discurso.

Quando os recebedores do discurso constroem um modelo desse tipo, eles usam a informação derivada da representação textual TR. Acontece que grande parte do modelo pode ser recuperado de modelos já construídos em ocasiões anteriores, por exemplo, sobre situações "similares". Na compreensão de nosso exemplo (1), um ouvinte pode trazer à baila experiências prévias com *viagem, Roma, conferências,* ou *falar italiano.* Portanto, os modelos são parcialmente fabricados a partir de conhecimento pessoal existente ("velho"). Eles são o registro cognitivo episódico de nossas experiências pessoais. Estas podem ser diretas ou imediatas, como na observação de, ou participação em, eventos ou ações. Ou podem ser indiretas (vicárias), como na interpretação do discurso: temos conhecimentos sobre uma dada situação a partir de prévios eventos comunicativos. O discurso efetivo, isto é, sua representação cognitiva (que, evidentemente, pode ser fragmentária ou enviesada), de fato permite a "atualização" de velhos modelos.

Isto é particularmente claro na compreensão de notícias de jornal: quando tentamos entender a reportagem do dia (5 de dezembro de 1988) na imprensa holandesa sobre o fim da rebelião de grupos militares na Argentina, podemos ser "relembrados" de rebeliões anteriores similares na Argentina e talvez mesmo em outros lugares (Schank, 1982). O processo de "recordação" envolve a recuperação de modelos (velhos) anteriores da mesma espécie. Raramente somos capazes de reproduzir as reportagens originais sobre essas rebeliões anteriores, mas podemos recordar as rebeliões "em si mesmas", isto é, os modelos que construímos por ocasião de nossas leituras anteriores de reportagens jornalísticas. A reportagem atual pode ser usada tipicamente para atualizar tais modelos, e é assim que explicamos o crescimento de nosso conhecimento pessoal no mundo (veja van Dijk, 1988a, 1988b para uma discussão mais detalhada do papel dos modelos na compreensão do discurso das notícias). Processo similar pode ter lugar para outros usuários da língua no mesmo contexto sociocultural e comunicativo. Também outros leitores da mesma reportagem formarão tais modelos, e somos capazes de nos comunicar "sobre" aquilo que lemos no jornal, isto é, sobre nossos respectivos modelos do que entendemos (e por vezes sobre RT, como quando nos referimos ao estilo da reportagem, por exemplo os itens lexicais usados para fazer referência aos militares ou a suas ações). Com exceção de mal-entendidos e interpretação parcial, aparentemente partilhamos nossos modelos de eventos com outros membros da sociedade. Quando um processo desse tipo é repetido para eventos que ocorrem com frequência, os membros da sociedade podem tender a estandardizar seus modelos, e formar modelos mais gerais, abstratos e descontextualizados de situações ou eventos estereotípicos ou prototípicos, tais como tomar café da manhã, ir trabalhar, dar aula, comer no restaurante, fazer compras no supermercado, dar ou participar de uma festa, ou golpes militares. É este conhecimento, armazenado na memória semântica (ou melhor: social), que tem sido explicado em termos de *frames* ou *scripts* (Schank & Abelson, 1977). Estes *frames* ou *scripts* efetivamente podem desempenhar papel importante na construção de modelos pessoais novos, ou na atualização dos velhos. Quando lemos sobre a Argentina, inserimos em nosso modelo atual de rebelião conhecimento geral relevante (*"scriptual"*) sobre a Argentina, a América Latina, revoltas militares, tanques, tiroteios e as reações do governo. Isto é, um modelo conterá frequentemente um *script* parcial, instanciado (isto é, um *script* do qual as variáveis de nódulos terminais são substituídas por constantes relevantes). Em outras palavras, no processamento textual, não somente temos RT's e *scripts*, como acreditávamos até o final da década de 70, mas também modelos. E esses modelos também explicam como primeiramente adquirimos *scripts*, e como os *scripts* são efetivamente aplicados na compreensão do discurso. Assim, não entendemos que as inferências, baseadas em *frames* ou modelos, são inseridas na própria representação textual, mas sim que o modelo incorpora todo o conhecimento e crenças relevantes sobre o evento ou situação.

Atualizar e recordar são operações cognitivas que sugerem que os usuários da língua não apenas constroem um grande número de modelos de cada situação mutuamente independentes, *ad hoc*. Se vou frequentemente a Roma, ou a conferências, posso estar lembrando de ocasiões prévias particulares, mas ao mesmo tempo posso começar a generalizar sobre tais eventos. Assim, ao lado dos modelos de situação mais *ad hoc*, únicos, os usuários da língua também têm modelos generalizados na memória episódica, dos quais foram abstraídos, por exemplo, tempo, lugar ou circunstâncias específicas. Contudo, eles são ainda representações de *minhas* experiências pessoais e, portanto, modelos pessoais, armazenados na memória episódica, e não o conhecimento prototípico, *"scriptural"*, socialmente partilhado, armazenado na memória semântica (social). Todavia, é óbvio que esses modelos generalizados estão a meio caminho entre experiências *ad hoc* (modelos particulares) e tais *scripts* sociais ou culturais.

Os modelos desempenham uma série de tarefas vitais na compreensão do discurso. Como nossas "imaginações" daquilo de que trata o discurso, eles fornecem a base de conhecimento referencial de que necessitamos, para dar conta dos fenômenos da correferência e coerência acima mencionados. Cognitivamente, pois, a referência do discurso é relativa a um modelo de situação. Se os fatos estiverem relacionados no modelo, as sequências de frases que denotam esses fatos são coerentes; e o mesmo vale para a correferência e as relações entre indivíduos que participam dos fatos de um modelo. Em segundo lugar, os modelos suprem a grande quantidade de informação que está implícita ou pressuposta na interpretação do discurso. Quer inferidas de *scripts* instanciados, quer de experiências prévias concretas, nossas suposições sobre os modelos do ouvinte nos permitem deixar a informação "conhecida" implícita na produção do discurso, e o leitor é geralmente capaz, possivelmente através de sinais de implicitude no texto (tal como artigos definidos, ou outros traços de pressuposição), de recuperar tais "elos faltantes". Isto mostra, em terceiro lugar, que os modelos são relevantes tanto na compreensão como na produção do discurso. Na produção, os modelos fornecem o tão necessitado "ponto de partida" para a construção de representações semânticas a serem expressas no discurso. Eles explicam parte das noções de "intenção" e "sentido pretendido" que preocuparam a filosofia e a linguística durante décadas. Com efeito, visto que muito do modelo que se pretende veicular na comunicação já é conhecido, ou pragmaticamente irrelevante, a representação semântica de um texto usualmente "realizará" apenas parte do modelo pessoal que se tem da situação.

Os modelos não somente são derivados de experiências pessoais, mas podem também ser subjetivos. Isto é, eles permitem aos usuários da língua construir uma interpretação específica de um discurso. Pode haver diferenças, por exemplo, em interpretações locais de palavras e frases, de conexões frasais locais, e na organização temática global do discurso (a macroestrutura semântica; veja van Dijk, 1980a). O que, para um leitor, é importante em um discurso, pode não ser para outro, o que resultará numa construção macroestrutural diferente do modelo. Do mesmo modo, opiniões pessoais, baseadas em atitudes, normas, valores ou ideologias mais gerais na memória social (enquanto grupalmente baseada) podem ser associadas com os eventos de que trata o texto, por exemplo, sobre a rebelião de militares, ou a situação política da Argentina. Isto significa que, se interpreto a rebelião de militares como uma infração à ordem democrática na Argentina, posso também adicionar uma opinião negativa ao meu modelo desta rebelião, e uma opinião positiva sobre os militares que dissolveram a rebelião. Similarmente, se já visitei a Argentina e tenho amigos lá, meu modelo pode estabelecer proposições que representam preocupação com a segurança de meus amigos. Modelos velhos de minha visita anterior podem ser ativados e parcialmente recuperados, por exemplo, o conhecimento sobre a geografia local, sobre ruas e edifícios de Buenos Aires que agora vejo de novo na televisão, e toda essa informação pode ser inserida no modelo atual, mesmo não sendo parte explícita da presente reportagem.

Assim, enquanto RT podem ser mais ou menos as mesmas para diferentes leitores, seus modelos da situação "detonada" por RT podem ser bastante diferentes, especialmente quando se trata de atitudes sociais e políticas, como, por exemplo, quando nós lemos sobre a situação na Argentina, ou quando os que participam de grupos militares na Argentina o fazem. Assim, os modelos explicam também a importante variação pessoal e a avaliação subjetiva associada com a compreensão.

Quando os usuários da língua reproduzem informação sobre o que ouviram ou leram antes, usualmente não têm mais acesso à maioria das RT originais. De fato, estas RT servem apenas para criar o modelo. Na verdade, as pessoas recordam o modelo, e reproduzem informação derivada dele. Isso também explica por que é tão comum as pessoas reproduzirem informação, por exemplo, em experimentos de recordação, que não estava absolutamente no texto original, mas que é subjetivamente construída (por exemplo, inferida) como parte do modelo original.

Finalmente, é útil introduzir um modelo de situação de tipo específico, qual seja o modelo de situação comunicativa. Isto é, os usuários da língua constroem também um modelo dinâmico, em contínua mutação (especialmente na conversação) do contexto comunicativo atual. Esse modelo representa as mais relevantes propriedades sociais e pessoais do falante e do ouvinte, incluindo seus (supostos) modelos de situação velhos ou atuais (o que explica a importância do conhecimento mútuo pressuposto a cada passo da interação), e um conjunto de propriedades relevantes da situação social de fala e texto (por exemplo, tipo de situação, como "conversa com um amigo", "leitura de jornal" ou "entrevista profissional" e suas regras, normas e metas).

Desta caracterização mais ou menos intuitiva, mas teoricamente conduzida, do papel dos modelos de situação, podemos concluir que tais modelos explicam muitos dos processos envolvidos na compreensão do discurso, tais como o estabelecimento da coerência, a construção dos elos faltantes (*"missing links"*), a aquisição e o uso de *scripts*, as variações individuais na compreensão, o papel de crenças avaliativas, os processos de recordação e atualização, etc. De uma forma mais rica – embora até agora menos explícita –, eles fornecem à psicologia cognitiva uma teoria que desempenha um papel semelhante ao da teoria dos modelos na semântica formal.

ESTRUTURAS DE MODELOS COGNITIVOS

Agora que temos uma ideia informal das funções dos modelos na compreensão, a primeira questão que se coloca, dentro de uma abordagem mais sistemática e explícita, é relativa naturalmente à sua organização cognitiva: como são tais modelos?

Um primeiro problema, que não será solucionado aqui, diz respeito à verdadeira natureza da informação cognitiva estocada em modelos. É plausível que em nossa representação de eventos ou situações, também seja armazenada informação analógica: analisamos lugares, objetos ou situações também em termos espaciais (direita, esquerda, alto, baixo, grande, pequeno, etc.), e usamos esta informação na compreensão e reprodução (Johnson-Laird, 1983). Ora, a pesquisa cognitiva sobre percepção e memória tem sugerido também que não temos simplesmente "quadros" na cabeça (Pylyshyn, 1973). Pelo menos, não podemos simplesmente "ver" tais quadros e reproduzi-los diretamente da "memória". Do mesmo modo que a informação textual, a informação analógica é provavelmente processada e codificada de maneira mais abstrata. Isto é, assim como, a partir de um texto, construímos macroestruturas semânticas (estruturas temáticas) e superestruturas (formas textuais típicas, como as da narrativa), podemos assumir que também a informação visual é representada de modo mais abstrato, por exemplo em termos de esboços em forma de "hierarquias" que permitem estabelecer distinções entre informação visual global (macro) e detalhada (micro). Ignoramos, contudo, que a linguagem teórica precisa é necessária para dar conta de tais estruturas analógicas abstratas: sempre que desejamos falar e, por conseguinte, teorizar sobre elas, defrontamo-nos tipicamente, por exemplo, com proposições linguisticamente orientadas.

Assim, costumamos considerar que a informação do modelo é representada em termos de proposições e sua configuração (hierárquica). Tomando-se os modelos como representações de situações, consequentemente devemos assumir que elas representam propriedades típicas de episódios ou situações (veja, por exemplo, Forgas, 1979, 1985; Argyle, Furnham & Graham, 1981; Furnham & Argyle, 1981, para detalhes, leituras e referências). E como não se pode esperar que os usuários da língua inventem tais propriedades a cada vez que testemunham um evento ou leem um texto, assumimos também que eles usam: (i) um conjunto de categorias de situação fixas; e (ii) um esquema "canônico" que representa a ordem linear e hierárquica de tais categorias. Evidência sociológica, psicológica e linguística sugere que as categorias envolvidas incluem, por exemplo, situação (lugar, tempo), circunstâncias, participantes (pessoas, objetos, em diferentes papéis), e ação/evento. Não é surpreendente que tais categorias relembrem aquelas da Gramática de Casos (Fillmore, 1969) e de Gramáticas Funcionais (Dik,

1978). Elas aparecem também parcialmente em teorias narrativas (por exemplo, Labov, 1972; veja van Dijk, 1980b para detalhes e bibliografia). De fato, sentenças e histórias são rotineiramente usadas para "descrever" situações (ou elementos de situações) e temos assumido que tais "descrições" nada mais são de fato que atualizações de modelos da memória (veja também Black, Galambos & Read, 1984). Em outras palavras, as estruturas cognitivas básicas que usamos na percepção e memorização de eventos e situações deverão conservar também sua relevância na "formulação" verbal desse conhecimento: os modelos explicam por que a semântica funcional tem as unidades ou estruturas que postula. Contudo, textos e situações são complexos. Há uma diferença entre o que uma sentença descreve e aquilo de que trata uma história, embora se possam usar sentenças para resumir histórias, como se pode ver também no exemplo (1) citado, em que a primeira sentença pode expressar a macroestrutura de uma longa narrativa sobre minhas experiências durante uma conferência em Roma. Isso sugere em primeiro lugar que, como as macroestruturas textuais, os modelos têm uma estrutura hierárquica. Seus níveis mais altos consistirão de macroproposições que "definem a situação" de maneira global. Tais proposições são rotineiramente usadas para "resumir" o que aconteceu, recontando eventos prévios. E como elas podem ser subjetivas, tal resumo poderá ter um viés pessoal: poderá, por exemplo, representar uma caracterização global da conferência em Roma, que não é partilhada por outros participantes. Assim, temos simultaneamente organização categorial (esquemática) em termos de propriedades típicas da situação, e organização macroestrutural da informação que se encontra inserida nos nódulos terminais de tal esquema. Por exemplo, a categoria *Lugar*, especificando *Cenário*, pode conter informação detalhada sobre local, prédio, etc. em que a conferência foi proferida. Similarmente, a categoria *Ação* ou *Evento* pode dominar uma macroproposição que "resume" uma longa sequência de eventos e atos. Com efeito, isso torna o esquema do modelo de situação recursivo: temos (micro) situações dentro de (macro) situações.

Constatamos que os modelos são subjetivos e avaliativos. Portanto, devemos assumir que as proposições que os representam não somente facultam variação pessoal em termos de completude, ordenação ou hierarquia, mas também de informação doxástica. Além do conhecimento, os modelos representam crenças avaliativas, por exemplo, opiniões sobre situações. Assim, cada categoria se associa a um Qualificador Avaliativo (como na verdade acontece também na gramática, que explica o modo como formulamos tais oposições). Se inserimos um conceito ou proposição avaliativos no nódulo mais alto do modelo, obtemos uma opinião global sobre uma situação. Na pesquisa sobre processamento textual verificamos que as pessoas recordam tipicamente o nível mais alto de macroestrutura de um texto e "esquecem" (não mais acessam) suas microestruturas pormenorizadas. O mesmo vale para nossa memória de situações: com efeito, a recordação de textos depende da recuperação do modelo. Tal recordação pode ser fragmentária. Assim, as pessoas podem esquecer pormenores de uma situação e apenas lembrar que foi (des) agradável ou (in)amigável (Forgas, 1979). Esta forma de recordação seletiva de modelos hierarquicamente monitorada pertence também a outras categorias e sua informação: podemos recordar somente quem esteve presente, mas não quem fez o quê, ou o que foi feito, mas não quem o fez. Compreensão e representação subjetiva, juntamente com recordação subjetiva evidentemente permitem vieses. Quando estão envolvidas atitudes baseadas em grupos (por exemplo, preconceitos étnicos ou de sexo) – tal como representados na memória social – as pessoas podem transferir propriedades negativas de Situações ou Eventos para os participantes envolvidos (por exemplo, quando estes são negros). (Veja as contribuições em Hamilton, 1981, por exemplo, Rothbart, 1981.)

Já foi sugerido aqui quais estruturas podem ser exigidas no modelo mais específico de situação comunicativa que controla o processamento da informação e a interação no nível mais alto de compreensão e produção do discurso. Exatamente como outros modelos de situação, estes modelos de contexto apresentam um Cenário, Circunstâncias, Participantes (Falante, Ouvinte, Público), além de atos ilocucionários (relevantes e outros atos sociais a serem realizados. Importantes aqui são a representação mútua, pelos Participantes, dos modelos um do outro, de tal modo que falantes/escritores saibam ou acreditem o que o ouvinte/ leitor já sabe, bem como as propriedades sociais relevantes (incluindo avaliações destas) dos participantes (sexo, grupo étnico, idade, ocupação, classe, etc.) e a situação como um todo.

Para resumir: as estruturas de modelos cognitivos são definidas em termos de esquemas recursivos, hierárquicos, de categorias de situação prototípicas que dominam sequências de proposições que podem, por sua vez, ser organizadas por macroproposições. Parte dessas proposições podem ser avaliativas (opiniões), e tais avaliações, juntamente com variações pessoais no conteúdo e estrutura do modelo, definem a natureza única e individual de cada modelo da situação de que um texto trata ou do contexto de que o texto é parte.

PROCESSAMENTO ESTRATÉGICO

Dados modelos com tal estrutura, como são eles construídos, e como operam realmente na compreensão e produção do discurso? Para entender esse aspecto da compreensão, caberia primeiramente lembrar que o processamento cognitivo da informação em geral, e a interpretação do texto em particular não são tanto um conjunto de operações algorítmicas, governadas por regras, mas antes um processo estratégico (van Dijk & Kintsch, 1983). Isto é, os usuários da língua realizam passos interpretativos finalisticamente orientados, efetivos, eficientes, flexíveis, tentativos, em vários níveis (textual, conceitual, modelo/*script*) ao mesmo tempo. Eles fazem pequenos cortes, e podem precisar somente de informação incompleta para chegar a uma interpretação. Em vez de uma análise global (como numa gramática), eles processam informação "*on-line*", unidade por unidade (muitas vezes palavras).

Em conteúdos mais comunicativos, este modo flexível de processamento pode não só ser eficiente (e, portanto, rápido em tempo real), mas também concreto. É claro que erros e mal-entendidos podem ocorrer, após os quais operações de reinterpretação ou outras operações de "solução de problemas" podem ser necessárias, tanto cognitiva como interacionalmente (exigindo reformulação ou explicação, por exemplo).

É deste modo estratégico que palavras, grupos de palavras, orações e frases são analisadas e interpretadas na Memória de Curto Prazo. As interpretações (provisórias) resultantes (por exemplo, de cada oração) representadas na forma de esquemas proposicionais, podem ser vinculadas por processos estratégicos de estabelecimento da coerência (por exemplo, usando expressões correferenciais, artigos definidos, ou outros sinais de coerência), que, no entanto, devem ser baseados na aplicação de modelos de situação na memória episódica. O modelo fornece informação sobre a possível ordenação temporal ou condicional dos fatos em dada situação, e sobre os fatos (ou categorias, como as da situação) implicadas mas não expressas no texto.

No início de um texto ou conversação, pode não estar presente, ainda, nenhum modelo, de modo que, com informação do contexto, um sumário, um título ou anúncio, os usuários da língua fazem adivinhações estratégicas sobre os tópicos e os referentes (atores ou eventos principais) do texto. Isto permite uma recuperação parcial de antigos modelos e instanciação de *frames* e *scripts*, e essa informação será usada provisoriamente para construir o modelo velho. A compreensão das sentenças seguintes de um discurso pode especificar ou transformar tal estrutura de modelo hipotética. Um sistema de controle global monitora esse fluxo de informação entre a Memória de Curto Prazo e a de Longo Prazo, e controla a ativação e aplicação de modelos episódicos e *scripts* de memória social.

Visto que a Memória de Curto Prazo tem capacidade limitada, seus conteúdos interpretados precisam ser continuamente transferidos para a memória episódica, onde gradualmente constroem a representação textual. Assim, cada cadeia é processada ciclicamente e depois colocada na posição adequada (macro ou micro) na RT. Ao mesmo tempo, o modelo é especificado com informação da RT. Neste sentido, a compreensão dinâmica é também "dialética", porque os modelos fazem uso da informação textual, enquanto a informação textual é interpretada com informação do modelo (muito mais detalhada).

As sentenças e o discurso têm estruturas convencionais que não apenas permitem uma interpretação estratégica rápida, mas também um armazenamento efetivo nos modelos, que são a meta da compreensão. Assim, as estruturas de caso das sentenças fornecem informação sobre quais as categorias sob as quais a informação deve ser inserida em um modelo. Orações normais ou transformadas e ordenações sentenciais sugerem qual ordenação temporal ou condicional (por ex., causal) deve ser dada aos fatos em um modelo. Marcadores de macro e superestrutura no discurso, tais como Sumário, Introdução, Anúncios, Conclusões fornecem informação adicional sobre a organização hierárquica do modelo. E os marcadores de pressuposição sugerem onde se deve interpolar informação de *scripts* ou modelos prévios (como os artigos definidos em sentenças como "O garçom trouxe o cardápio", que designam informação conhecida sobre restaurantes). A estrutura categorial e hierárquica dos modelos faculta também a busca de modelos "velhos" relevantes. Dada a informação sobre um lugar específico (por ex., Roma), ou um tipo de evento (conferência), podemos procurar por modelos similares com estas pistas, e ativar parcialmente este conhecimento velho para melhor entender o discurso atual, ou ativar opiniões remanescentes que temos sobre tais situações (Shank, 1982). Assim, em nossa pesquisa sobre a comunicação do racismo, verificamos que, em histórias sobre minorias, as pessoas tendem a ativar modelos de situação negativos (sobre a sua vizinhança) tão logo membros do grupo étnico minoritário são discutidos; e, quando se fala de experiências negativas, podem ativar membros do grupo étnico como possíveis atores (agentes) (van Dijk, 1984, 1987a). Evidentemente, esse "viés" na compreensão e no processamento do modelo é monitorado por esquemas preconceituosos subjacentes na memória social.

Os processos que fazem uso de modelos de situação são controlados pelo modelo de contexto local ou global, que contém parâmetros relevantes da interação comunicativa e do contexto social. Esse modelo de contexto é dinâmico e permanentemente atualizado com informação e *feedback* novos. Assim, os falantes devem assumir o que, os ouvintes já sabem desde o início, guardar a lembrança do que já informaram ao ouvinte no decorrer do texto ou conversação, bem como das propriedades sociais possivelmente cambiantes e das relações entre eles mesmos e os ouvintes. É relativamente ao modelo de contexto que as metas e funções de fragmentos do discurso atual são estabelecidas, tal como sua força ilocucionária ou categorização social (ameaça, visita ao médico, aula, etc.). Em última análise, é esse contexto que define a *relevância* de cada discurso para o falante em um contexto dado e, portanto, também a atenção a ele dada, e o modo como a informação é processada. Desta maneira, pode haver variações na atenção, profundidade de processamento, completude do processamento, atualização e transformação em modelos gerais, dependendo de várias propriedades do modelo de contexto. Por exemplo, se considerar que falta credibilidade ao falante, o ouvinte provavelmente não mudará seus modelos correntes com base nas RT derivadas do texto ou fala. Outras variáveis tipicamente sociopsicológicas podem, assim, estar presentes nos modelos de contexto e determinar o tipo global, a função e a adequação ou aceitabilidade social do discurso.

Resumindo, somos de opinião que os modelos de situação são estrategicamente usados (construídos, recuperados, aplicados) em:

(i) processos interpretativos, na maioria de curto prazo, de palavras, orações, sentenças, conexões entre sentenças e macro ou superestruturas de nível mais alto;

(ii) construção de representações textuais na Memória Episódica (ME);

(iii) recuperação de (outros) modelos de situação relevantes, da ME;

(iv) atualização de conhecimento pessoal velho (modelos remanescentes) em ME;

(v) formação de modelos de situação generalizados na ME;

(vi) formação de *frames*, *scripts* ou outras cognições sociais (por ex., esquemas atitudinais) na memória social;

(vii) instanciação (aplicação) de *frames*, *scripts*, etc., a situações específicas.

Pressupôs-se, além disso, que o modelo "corrente" é parte do Sistema de Controle, e portanto monitora o processamento global e local na Memória de Curto Prazo, e que o processamento e seu gerenciamento são estratégicos, i. é, *on-line*, em representações paralelas, hipotéticas (ou provisórias), finalisticamente orientadas, eficientes e baseadas em informação possivelmente vaga, incompleta, de todos os níveis do texto, contexto ou memória. O gerenciamento dos modelos, além disso, é controlado pelo modelo de contexto, que representa as (cambiáveis) propriedades pessoais e sociais da situação comunicativa em curso (falante, ouvinte, meta, função, etc.).

ALGUMA EVIDÊNCIA EXPERIMENTAL

Enquanto as suposições aqui levantadas sobre o processamento estratégico envolvido na construção e usos dos modelos são largamente hipotéticas, existem estudos experimentais recentes que confirmam as proposições da formulação inicial da teoria (van Dijk & Kintsch, 1983). Estes estudos não apenas provam que os modelos existem, mas também como são usados na compreensão do discurso (veja também Johnson-Laird, 1983, para maior evidência psicolinguística). Assim, Perry & Kintsch, 1985, verificaram que sujeitos que leram um texto sobre uma cidade tendem a recordar a informação do texto em termos das proposições da representação textual na memória, mas que as inferências sobre o traçado da cidade são tiradas do modelo que têm representado dessa cidade. Este modelo depende também da espécie de informação dada no texto, por ex., informação geográfica ou instruções sobre como dirigir dentro dela.

Também Glenberg, Myer & Lindem (1987) mostraram que os modelos desempenham papel independente durante a compreensão. Verificaram que textos que têm a mesma estrutura proposicional, mas expressam modelos diferentes podem levar a diferentes graus de reconhecimento ou tempo de leitura. Assim, se um ator, digamos John, é representado numa história como estando próximo a outro ator, digamos Mary, numa sala, por ex., isso será representado como tal no modelo, e mesmo sem mencionar Mary o tempo todo, ela será um conceito mais facilmente recuperável se ela estiver "próxima" no modelo. Entretanto, se, por exemplo, for mencionado na história que Mary deixou John, ela poderá ser removida do modelo corrente (sobre John) e será mais dificilmente recuperável. Em outras palavras, o modelo monitora como os leitores compreendem um texto, controlando como representam os eventos e a situação de que o texto trata.

Morrow e seus colaboradores mostraram como a compreensão de espaços e ação em histórias é determinada por modelos subjacentes (Morrow, 1986; Morrow, Greenspan & Bower, 1987). Neste último trabalho, os sujeitos primeiramente tomaram conhecimento, através de um diagrama, de um modelo do *layout* de um edifício e, em seguida, tiveram de ler histórias sobre um ator que se movimentava pelo prédio. A leitura foi muitas vezes interrompida para perguntar aos sujeitos se determinados objetos estavam no mesmo cômodo que o ator, ou em cômodos diferentes. Verificou-se que objetos que se encontram no mesmo cômodo que o ator são mais acessíveis – para uma busca na memória – que objetos encontrados em cômodos diferentes. É interessante que este é também o caso para objetos que estão em cômodos mais próximos do ator, se comparados a objetos situados em cômodos mais distantes. O mesmo acontece quando essa informação "distante" é mencionada por último. Aparentemente, durante a compreensão de histórias, o modelo é continuamente atualizado para guardar os traços da situação discreta e, pelo menos para tarefas específicas, é a informação contida no modelo que monitora as tarefas a serem desempenhadas pelo leitor, e não tanto a representação da estrutura do texto.

No primeiro estudo, Morrow (1986) mostrou que a interpretação de pronomes também depende em parte de estruturas de modelo. Assim, se lugares desempenham um papel proeminente, temático, por ex., na descrição de um edifício, os pronomes ambíguos serão provavelmente interpretados em correferencialidade a tal lugar se esse lugar for temático, tenha ou não sido mencionado por último. Contudo, em histórias, em que os lugares têm um papel menos proeminente, servindo como o *setting* dos eventos, os pronomes serão interpretados como referindo-se a lugares somente se esses foram mencionados em último lugar. Nesse caso, portanto, não é o modelo, mas a estrutura da história que orienta a interpretação do pronome (veja, porém, van Dijk & Kintsch, 1983, para detalhes sobre o papel de tópicos sentenciais na interpretação de pronomes ambíguos).

Smalhofer & Glavanov (1986) conseguiram também demonstrar que o reconhecimento da informação de um texto é largamente controlado pelo modelo para ele construído. Todavia, verificaram também que, quando solicitados a resumir um texto, os leitores usam antes as RT proposicionais, isto é, as macroproposições construídas durante a compreensão. Contudo, quando o objetivo maior é a aquisição de conhecimento a partir do texto, os leitores tenderão a usar a informação do modelo.

Em síntese, verificamos que a evidência experimental parece convergir para a conclusão de que tanto as RT como os modelos desempenham um papel na compreensão e no processamento da informação, e que, por vezes, a estrutura do modelo prevalece sobre a da representação textual. Estes experimentos também sugerem que os modelos têm uma forma de representação analógica ("espacial") (veja também Johnson-Laird, 1983). Os leitores atualizam e modificam estrategicamente os modelos durante a leitura, parecendo, assim, manter o domínio da situação sobre a qual leem. Processos que envolvem operações sobre proposições, como resumos, ou processos que fazem uso de estruturas sentenciais, como a interpretação de pronomes, podem, deste modo, recorrer às representações textuais. Por outro lado, as inferências baseadas em conhecimento adicional sobre situações, como o *layout* espacial em histórias, parecem fazer uso de modelos e de seus conteúdos e estruturas. Cabe observar, no entanto, que nesses experimentos os sujeitos tinham ainda acesso a (fragmentos de) representações textuais, durante o experimento. Depois de prazos maiores, isto é, muitos dias depois da leitura, os leitores provavelmente terão de confiar mais largamente na estrutura de seu modelo do evento sobre o qual leram.

CONCLUSÕES E PROBLEMAS

De nossa teorização informal sobre modelos na memória, podemos concluir que tais representações episódicas desempenham papel central no processamento do discurso. Na última década, começamos a perceber que "compreender o discurso" está intimamente relacionado com "compreender o mundo". Entretanto, não temos ainda correlatos cognitivos a este "mundo" e, portanto, introduzimos a noção de modelo de situação. O objetivo da compreensão, neste quadro, deixa de ser apenas a construção de uma representação semântica de uma sentença ou discurso, para se tornar também a construção de modelos novos ou atualizados. Se podemos "imaginar" sobre o que um texto fala, ou seja, se podemos construir um modelo possível, então dizemos que alguém "entendeu" o discurso. Formulamos hipóteses sobre a estrutura dos modelos, bem como sobre seu gerenciamento estratégico.

Os modelos são usados para explicar vários aspectos especiais da produção e compreensão do discurso, tais como coerência local e global, correferência, o papel de "inferências-fonte" e implicitude ou conhecimento pressuposto, os vínculos entre interpretação na Memória de Curto Prazo e ativação de *frames* ou *scripts*, variação pessoal na compreensão, compreensão subjetiva e avaliação, o papel de experiências pessoais ("autobiografia"), o papel do modelo de contexto comunicativo (e, portanto, das propriedades pessoais e sociais do usuário da língua na produção, compreensão e transformações cognitivas), a aquisição de conhecimento e crenças, e a formação de *frames*, *scripts* e atitudes. Os modelos explicam porque os textos podem ser incompletos, vagos ou cheios de ideais implícitos, sem prejudicar a compreensão. Eles nos dão uma visão da organização da memória episódica e fornecem o vínculo necessário entre a dimensão pessoal e social da compreensão, definindo o objetivo último da interação, comunicativa.

Estruturalmente, os modelos também possibilitam uma visão mais profunda da base cognitiva das estruturas gramaticais ou textuais, com a estrutura relacional, funcional ou casual de sentenças, ordem de palavras ou frases, ou a estrutura canônica de narrativas. Além de serem o resultado da compreensão, eles fornecem a noção há muito necessária de "ponto de partida" para os processos de compreensão: planejar texto ou fala é, antes de mais nada, estabelecer um modelo de contexto, e ativar e expressar parcialmente conhecimento e crenças relevantes incorporadas no modelo. Com efeito, planos são simplesmente modelos de eventos, ações ou atos de fala futuros.

Aqui estão várias hipóteses e um quadro teórico apropriado para descrever e explicar uma pluralidade de aspectos do processamento da informação em geral e do discurso em particular. Algumas das hipóteses parecem estar confirmadas *post hoc* por resultados experimentais já existentes, ou explicar dificuldades anteriores (veja van Dijk & Kintsch, 1983, para detalhes), e verificamos que existem estudos recentes que confirmam experimentalmente muitas de nossas propostas. Oferece-se coerência adicional para uma teoria mais geral da organização cognitiva e do processamento estratégico, por ex., porque os modelos podem ser usados tanto numa teoria de processamento do texto quanto em teorias cognitivas de percepção visual, (inter)ação e solução de problemas. A teoria de modelos cognitiva é, pois, um ponto de partida adequado para uma exploração de vínculos com teorias de modelos, que poderá levar à formalização da teoria.

Apesar da atividade de uma teoria de modelos cognitiva, tal como esboçada informalmente aqui, há naturalmente muitos problemas a serem solucionados e dimensões ainda não projetadas que exigem atenção em futuro próximo.

1. Como acontece com outras teorias cognitivas, a teoria cognitiva de modelos é ainda bastante informal. Enquanto a testagem

experimental normalmente não é prejudicada por essa informalidade, a simulação em computador requer evidentemente que todas as estruturas e estratégias sejam explicitadas em detalhe. Uma primeira tarefa, portanto, é estabelecer, para cada nível, fase ou dimensão de tais estruturas ou estratégias, sua exata natureza e forma de operação.

2. Se os modelos, geralmente, representam como as pessoas armazenam informações sobre situações, eventos, pessoas ou discurso na memória (episódica), eles desempenham importante papel epistemológico. Faz-se necessária uma análise mais geral dos fundamentos cognitivos da noção de modelo: Quais das categorias supostas do modelo são universais cognitivos e quais são culturalmente variáveis? Será toda informação episódica "sobre o mundo" estocada em modelos, ou existem outras formas de organização de conhecimento e de crenças? Os modelos incorporam o que as pessoas observam, interpretam e processam sobre fragmentos discretos do mundo pessoal e social, mas são tipicamente subjetivos e incompletos: representam o que é relevante para um indivíduo. Como se relaciona esta forma de compreensão "subjetiva" à observação e à interpretação do mundo intersubjetiva e "objetiva"? As pessoas podem conhecer aquilo que não é categoricamente pré-programado pelas categorias de um esquema-modelo?

3. Se os modelos realmente têm o papel fundamentalmente cognitivo e epistemológico que aqui defendemos, eles poderiam fornecer também a base empírica para uma teoria de modelos lógica e, consequentemente, de semântica formal (e pragmática) da língua natural. A verificação (valor de verdade, referência, relevância, etc.), neste caso, não se daria relativamente a mundos possíveis, índices ou outras formas abstratas de extensão, mas relativamente a modelos cognitivos. Isso também validaria automaticamente a possibilidade de condições de verificação "pessoais" (por ex., "verdadeira para mim" ou "relevância sob um ponto de vista específico"). Se assim fosse, que formato teria uma ponte desse tipo entre cognição e semântica formal?

4. Tem-se assumido que os modelos representam (também) tipos analógicos de informação. Para tirar as necessárias inferências dessa suposição e, por conseguinte, formalizá-las e testá-las experimentalmente, precisamos, no mínimo, de alguma linguagem teórica apropriada ou instrumentos para representar processamento

e representação analógica. Como está a informação espacial, configuracional e sensorial (cor, som, tato, etc.) contida em um modelo e ligada com outro tipo de informação?

5. Os modelos são parte da memória episódica. Mas ainda conhecemos pouco sobre a organização global da ME. Como os modelos estão organizados mutuamente na ME: eles estão relacionados em aglomerados, e que categorias definem tais aglomerados (por ex., tempo, "recência", locação, participantes, etc.)? Sem uma categoria desse tipo sobre a organização da ME, é claro que só podemos fazer suposições sobre a natureza precisa da recuperação, aplicação, atualização e desativação de modelos.

6. Um dos aspectos mais importantes do processamento estratégico é que a informação ativada e recuperada, por ex., tal como estocada em modelos ou *scripts*, não necessita ser completa. Antes, o usuário da língua tipicamente irá fazer uso somente da informação de modelo relevante. Porém nós ainda ignoramos como exatamente se calcula a informação do modelo necessária (não menos, não mais, ou mais ou menos imprecisa) e ativada.

7. Qual é a relação precisa entre modelos particulares, modelos generalizados e *frames*, *scripts* ou outras cognições sociais, abstratas? Descontextualização progressiva, generalização e processamento de abstração estão provavelmente envolvidos, mas em que ponto se pode ou se deveria dizer que um modelo pessoal é partilhado socialmente, constituindo, em decorrência, um *frame* ou um *script*? Se os modelos se definem tipicamente pela presença de constantes (tempo específico, nomes de lugares e participantes, etc.), que dizer do conhecimento socialmente partilhado, geral, sobre pessoas "famosas" na história e na sociedade? Nosso conhecimento sobre Napoleão, a Segunda Guerra Mundial, a situação do Líbano ou a Guerra nas Estrelas de Reagan está representado em modelos ou em aglomerados semelhantes a *frames*, partilhados socioculturalmente, como nosso conhecimento sobre carros, casas ou computadores? Em outras palavras, qual é o exato papel dos modelos na cognição social?

8. Qual é a natureza exata de modelos de contextos comunicativos? Isto é, o que o usuário da língua deveria (ou pode) saber sobre a situação comunicativa, para participar adequadamente dela? Como os contextos monitoram o processamento em geral, e o gerenciamento de modelos de situação em particular? (Como) podem

as teorias sociológicas e etnográficas do discurso e do uso da linguagem ser conectadas ao processamento discursivo através de tais modelos de contexto?

9. Os modelos representam tipicamente eventos e ações, e seus participantes. Embora muitos tipos de discurso tratem de tais aspectos centrais de situações, há também propriedades das situações mais estáticas, espaciais ou de outro tipo, tais como objetos, ambientes ou ruas, que podem ser partes de situações. Devemos assumir que, do mesmo modo como temos esquemas de pessoas ou de grupos, nós usamos o conhecimento geral derivado prototípico *(frame – knowledge)* sobre tais fenômenos como parte do esquema da situação? Ou devemos admitir formas mais pessoais, individuais e, portanto, mais variáveis de organização esquemática de tais propriedades em nossos mundos pessoal e social? Com efeito, se observamos ou lemos sobre estados de coisas, sobre relações abstratas, sobre objetos fictícios ou sobre teorias, que espécie de "modelos" construímos? E tais modelos têm um número limitado de categorias fixas que podem ser usadas para "compreender" um número infinito de objetos possíveis? (Veja também as observações em [3].)

Estas são apenas algumas das questões que se podem colocar sobre a noção de modelo em uma teoria cognitiva. Em todos os pontos das hipóteses formuladas, necessitamos de análise conceitual, formulação teórica, testagem experimental ou observação sistemática adicionais, e o estabelecimento de relações explícitas entre as estruturas da língua, discurso, comunicação e interação social. Mas, semelhante à semântica formal, a semântica cognitiva do discurso não mais parece adequada sem a noção de um modelo (de situação), e a solução dos problemas acima formulados levará a avanços significativos no estudo da linguagem, discurso e comunicação.

REFERÊNCIAS BIBLIOGRÁFICAS

ARGYLE, M., FURNHAM, A., & GRAHAM J. A. *Social situations.* Cambridge: Cambridge University Press, 1981.

BLACK, J. B., GALAMBOS, J. A., & READ, S. J. "Comprehending stories and social situations." *In:* R. S. Wyer Jr., & T. K. Srull (eds.), *Handbook of social cognition*, V-119-160. Hillsdale, NJ: Erlbaum, 1984.

DIK, S. C. *Functional grammar.* Amsterdã: North Holland, 1978.

FILLMORE, C. "The case for case". *In:* E. Bach & R. T. Harms (eds.). *Universals of linguistic-theory.* Nova York: Holt, Rinehart & Winston, 1969.

FORGAS, J. P. *Social episodes.* Londres: Academic Press, 1979.

FORGAS, J. P. (ed.). *Language and social situations.* Nova York: Springer.

FURNHAM, A., & ARGYLE, M. (eds.). *The psychology of social situations.* Oxford: Pergamon Press, 1981.

GLENBERG, A. M., MEYER, M. & LINDEM, K. "Mental models contribute foregrounding during text comprehension". *In: Journal of Memory and Language* 26, 1987.

HALLIDAY, M. A. K. & HASAN, R. *Cohesion in English.* Londres: Longman, 1976.

HAMILTON, D. L. (ed.) *Cognitive processes in stereotyping and intergroup behavior.* Hillsdale, Mass: Erlbaum, 1981.

JOHNSON-LAIRD, P. N. *Mental models.* Cambridge University Press, 1983.

KAMP, H. "A theory of truth and semantic representation". *In:* J. A. Groenendijk, T. M. V. Janssen, & M. B. J. Stokhof (eds.), *Formal methods in the study of language.* Amsterdã: Mathematical Centre Tracts, 1981.

KINTSCH, W., & VAN DIJK, T. A. Toward a model of text comprehension and production. *Psychological Review* 85, 1978.

LABOV, W. The transformation of experience in narrative syntax. *In:* W. Labov, *Language in the inner city.* Filadélfia, PA: University of Pennsylvania Press. 35, 1972.

MARROW, D. G. "Places as referents in discourse". *Journal of Memory and Language* 25, 676-690, 1986.

MARROW, D. G., Greenspan, S. L., & BOWER, G. H. "Acessibility and situation models in narrative comprehension". *Journal of Memory and Language* 26, 1987.

PERRIG, W., & Kintsch, W. Propositional and situational representations of text. *Journal of Memory and Language* 24, 1985.

PETÖFI, J. S. "Structure and function of the grammatical component of the Text-Structure World-Structure Theory". *In:* F. Guenther & S. J. Schmidt (eds.). *Formal semantics and pragmatics for natural languages.* Dordrecht: Reidel, 1979.

PYLYSHYN, Z. W. "What the mind's eye tells the mind's brain: A critique of mental imagery". *Psychological Bulletin 80*, 1973.

ROTHBART, M. "Memory processes and social beliefs". *In:* D. L. Hamilton (ed.). *Cognitive processes in stereotyping and intergroup behavior*, 1981.

SCHMALHOFER, F., & GLAVANOV, D. "Three components of understanding a programmer's manual: verbatim, propositional, and situational representations." *Journal of Memory and Language* 25, 1986.

SEUREN, P. A. *Discourse semantics.* Oxford: Blackwell, 1985.

VAN DIJK, T. A. *Text and context. Explorations in the semantics and pragmatics of discourse.* Londres, Longman, 1977.

VAN DIJK, T. A. *Macrostructures. An interdisciplinary study of global structures in discourse, interaction, and cognition.* Hillsdale, NJ: Erlbaum, 1980a.

VAN DIJK, T. A. (Ed.) "Story comprehension." Special issue of *Poetics*, 9, 1980b.

VAN DIJK, T. A. *Prejudice in discourse.* Amsterdã: Benjamins, 1984.

VAN DIJK, T. A. "Cognitive situation models in discourse processing. The expression of ethnic situation models in prejudiced stories". *In:* J. P. Forgas, (Ed.) *Language and social situations*, 61-79. Nova York: Springer, 1985.

VAN DIJK, T. A. *Communicating Racism. Ethnic Prejudice in Thought and Talk.* Newbury Park, CA: Sage, 1987a.

VAN DIJK, T. A. "Episodic models in discourse processing". *In:* R. Horowitz & S. J. Samuels (eds.). *Comprehending oral and written language.* Nova York: Academic Press, 1989b.

VAN DIJK, T. A. *News as Discourse.* Hillsdale, NJ: Erlbaum, 1988a.

VAN DIJK, T. A. *News Analysis. Case studies of international and national news in the press.* Hillsdale, NJ: Erlbaum, 1988b.

VAN DIJK, T. A., & KINTSCH, W. *Strategies of discourse comprehension.* Nova York: Academic Press, 1983.

QUESTÕES EM ANÁLISE FUNCIONAL DO DISCURSO*

> *O objetivo primordial de uma gramática funcional de uma língua particular é dar uma descrição completa e adequada da organização gramatical do discurso conectado nessa língua.* (*Simon C. Dik*, The Theory of Functional Grammar, *Parte I, 1989, p. 112*).

INTRODUÇÃO

Num artigo em honra a Simon C. Dik e sua obra sobre Gramática Funcional (GF) é de se esperar que se dedique especial atenção às propriedades funcionais da língua e do seu uso. Igualmente, dado meu quadro de pesquisa, é de se esperar também que tal abordagem funcional focalize o discurso. Preencherei estas expectativas examinando algumas das implicações do que se pode denominar "Análise Funcional do Discurso" (AFD).

---

* Publicado *in* Harm Pinskter & Inge Gence (Eds.), *Unity in Diversity. Papers presented to Simon Dik on his 50th Birthday*, pp. 27-46. Dordrecht: Foris, tradução de Ingedore Koch.

A AFD tem um componente linguístico que se ocupa das relações gramaticais e outras relações funcionais das estruturas ou estratégias textuais, e um componente mais amplo, interdisciplinar, que analisa as relações funcionais entre essas estruturas textuais e várias estruturas do "contexto", tais como as de cognição, interação, e mesmo as estruturas do macronível "societal" ou cultural. O primeiro componente se chamará "Análise Funcional do Texto" e o segundo, "Análise Funcional do Texto-Contexto". "Análise Funcional do Discurso" denota a integração de ambas as abordagens. Segundo prática comum, usarei o termo "funcional" para denotar ambos os tipos de relações, embora obviamente elas envolvam diferentes tipos de "função".

A Análise Funcional do Texto e a Gramática Funcional não apenas se sobrepõem, elas têm também raízes comuns e dividem ligações com abordagens relacionadas, por exemplo, em Tagmêmica (Pike, 1967; Grimek, 1975; Longacre, 1977), e especialmente no trabalho do estruturalismo tcheco sobre a Perspectiva Funcional da Sentença (FSP), como é o caso de noções tão importantes mas ainda pouco claras como tópico/tema, comentário/rema e foco (Daneus, 1974). Os linguistas tchecos estiveram entre os primeiros a analisar relações sistemáticas entre frases de textos, e enfatizaram a dependência dos tópicos sentenciais de fenômenos tipicamente textuais como as relações dinâmicas entre informação "dada" e "nova" em sentenças e sequências de frases. Foi também esta discussão que inspirou muitos trabalhos posteriores, tanto em GF (Dik, 1978; 1980; 1983, 1989; Bolkestein, de Groot & Mackenzie, 1985), como em outras abordagens (tipológicas, sistêmicas) da gramática do discurso, e trabalhos na fronteira entre linguística e psicologia cognitiva (Givón, 1983, 1989a, 1989b; Haiman & Thompson, 1988; Halliday, 1985; Steiner & Veltman, 1988; Tomlin, 1987a).

Assim, constitui uma das marcas específicas das abordagens funcionais da língua enfatizar a natureza discursiva da linguagem e analisar (pelo menos algumas) estruturas sentenciais como funcionalmente dependentes de estruturas de texto e fala. Infelizmente, entre muitos gramáticos, especialmente nos Países Baixos, essa orientação discursiva é ainda frequentemente negligenciada em favor de um foco mais restrito sobre as estruturas sentenciais: na prática cotidiana, a gramática da frase continua sendo vista como tarefa própria do linguista, enquanto o estudo do discurso é relegado para o domínio, por exemplo, da análise da conversação ou da argumentação. É verdade que se a "gramática do discurso" e a "linguística textual" se tornaram "salonfahig"* em linguística, ou mesmo populares, em alguns países, elas ainda estão muito longe de se tornar a corrente principal.

Não cabe, neste artigo, fazer uma revisão da vasta literatura em linguística funcional que dispensa especial atenção às estruturas do discurso. Selecionarei um certo número de propriedades funcionais específicas de textos, que receberam menor (ou, na minha opinião, menos adequada) atenção na literatura, e mostrar que uma teoria adequada das relações funcionais necessita também de um componente textual-contextual. Importantes questões no estudo funcional do discurso, como a análise do tópico, comentário, *foregrounding*, foco, e noções similares extensivamente discutidas na literatura, serão aqui ignoradas. Realmente, enquanto estas abordagens linguísticas podem fornecer *descrições* satisfatórias de tais relações funcionais no interior de sentenças e textos, a análise textual-contextual das relações funcionais nos permite prover também *explicações* de tais estruturas, por exemplo em termos dos pormenores de seu processamento cognitivo ou de sua funcionalidade social.

ANÁLISE FUNCIONAL DO TEXTO

Uma tarefa primordial para a análise funcional da estrutura do texto é descrever sistematicamente as relações funcionais entre as sentenças dos textos. Estas relações podem ser estabelecidas teoricamente para cada nível de análise gramatical ou de outro tipo, isto é, em termos de uma descrição fonológica, sintática ou semântica clássicas, mas também nos quadros de um enfoque pragmático, estilístico, retórico ou superestrutural (por exemplo, argumentativa, narrativa, etc.) da estrutura textual. Embora vários desses níveis ou "dimensões" da estrutura discursiva sejam intimamente relacionados, enfocarei primeiramente as relações semânticas.

---

* *Salonfahig* (al.) = "dignas de ser usadas em salão". N. T.

Semântica Textual Funcional

Se assumirmos que a semântica dos textos poderia (também) ser formulada em termos de proposições, as relações entre sentenças deverão ser definidas em termos de relações entre proposições (van Dijk, 1977). Tais relações são de numerosos tipos e subjazem à definição de uma propriedade primordial de significabilidade textual, qual seja, a coerência (local). Primeiramente, podemos ter relações entre os conceitos de proposições subsequentes, por exemplo, as de identidade conceitual (sinonímia) ou de inclusão (hiponímia, hiperonímia). Embora essas relações frequentemente apareçam em textos, elas não são necessárias nem suficientes para definir a coerência. Para definir a noção semântica estrutural da coerência textual, as proposições deverão estar relacionadas como um todo, e não apenas em termos de seus predicados ou argumentos.

As condições primárias de coerência textual são referenciais ou extensionais. Isto é, os discursos são coerentes, antes de mais nada, se suas respectivas sentenças se referem a "fatos" (estados de coisas, eventos, etc.), que estão relacionados em alguma situação (de mundo possível, modelo, etc.), por exemplo, por uma relação de tempo, condicionalidade ou causalidade, como no exemplo trivial.

1. João está doente. Ele não pode vir.

Aqui, a primeira sentença denota um fato que é causa do fato denotado pela segunda. Similarmente, o fato denotado por uma sentença anterior pode "tornar possível" o fato denotado pela seguinte:

2. João foi ao cinema. Ele não gostou do filme.
3. João foi à piscina. Ele não gostou da água.
4. João foi ao cinema. Ele não gostou da água.

Obviamente, estas relações de coerência são definidas relativamente ao conhecimento de mundo do falante (ou ouvinte), por exemplo, tal como representado em *scripts* de episódios culturalmente variáveis (veja abaixo).

Em outras palavras, a coerência nesse caso não é diretamente definida em termos de relações proposicionais, mas indiretamente, através de relações (conhecidas) no mundo. Ou ainda mais sucintamente: um texto é coerente se descreve fatos conhecidos ou que se acreditam relacionados. Em termos mais formais ou cognitivos, portanto, um texto é coerente se puder ser interpretado em um modelo (formal, mental). A noção de modelo mental é crucial para uma análise funcional do discurso, e será discutida em maior detalhe mais adiante.

Uma das propriedades conhecidas da coerência semântica local, qual seja, a correferência, depende de uma relação desse tipo entre fatos num modelo, e se estabelece quando elementos (indivíduos, propriedades, relações), de tais fatos relacionados entre si são idênticos. Cabe repetir, contudo, que a identidade correferencial, ou seu correlato funcional, qual seja, a continuidade tópica não é uma condição nem suficiente nem necessária de coerência local: podemos contar uma história incoerente, sobre a mesma pessoa, e uma coerente, sobre pessoas diferentes.

Ao lado desse tipo de coerência *referencial*, as sentenças nos textos devem ser também *funcionalmente* coerentes. Neste caso, a condição não é extensional, mas intensional: a relação pode ser conceitualmente definida em termos das próprias proposições:

4a.   João não pode vir. Está doente.

Neste caso, a primeira sentença não descreve um fato que condiciona o fato descrito na segunda, como era o caso em (1). De fato, a ordem das sentenças parece ir contra a "ordem natural" dos eventos: uma consequência é mencionada antes de sua causa ou razão. Se as representações em ordem natural são a maneira não marcada, "normal", de descrever eventos, uma ordem diferente será a forma marcada e usualmente terá uma função específica, como é também o caso aqui. Mais adiante, retornarei a essa questão de "ordem natural".

A segunda sentença não apenas descreve a causa ou a razão do fato anteriormente mencionado, mas, ao fazê-lo, adquire a função de *explicação*. *Explicações* são, portanto, uma categoria funcional da estrutura textual, por serem definidas em termos de suas relações com outras proposições do texto. Do mesmo modo, as frases subsequentes (ou melhor, proposições) podem "especificar", "generalizar", "contrastar com", "parafrasear", "contradizer", "concluir de" ou "dar um exemplo de" proposições anteriores do texto (para uma abordagem inicial de tais relações funcionais ou "retóricas" veja-se, por exemplo, Grimes, 1975). Em outras palavras, as relações funcionais nos dizem algo sobre a estrutura informacional do texto, e não sobre o mundo de que o texto fala.

Embora tal análise funcional da coerência seja intuitivamente satisfatória, é bastante difícil explicitá-la em termos formais. Enquanto a coerência referencial pode ser definida em termos relativamente precisos de relações factuais em modelos formais ou cognitivos, as relações funcionais são mais difíceis de definir, Não é, portanto, surpreendente que o trabalho atual mais avançado sobre tais estruturas textuais apresente ainda deficiências teóricas, por exemplo, porque confunde relações referenciais e funcionais de coerência, bem como relações e categorias locais e globais (Mann & Thompson, 1988; Mann, Matthiesen & Thompson, 1989).

Algumas relações funcionais permitem definição formal. Por exemplo, Especificação, Generalização e (em parte) também Conclusão podem ser definidas em termos de acarretamento semântico ou de sua contraparte cognitiva, isto é, B é uma especificação de A se B (semanticamente, conceitualmente, cognitivamente) acarreta A, como no par "João está doente. Ele tem gripe". Similarmente, Paráfrase ou Contradição podem ser (formalmente) definidas em termos de acarretamento mútuo e negação. Note-se que essas definições de relações funcionais têm também seus correlatos extensionais: também os fatos denotados são relacionados (a gripe é uma doença e, se João está com gripe, então ele está doente).

Explicações, contudo, são mais complicadas, ainda que somente por parecerem dependentes de uma relação referencial específica, qual seja, a de causa e consequência. Assim, as explicações em geral são explicações de fatos, não explicações de informação prévia: a segunda sentença/proposição em (4) não explica, *stricto sensu*, a primeira sentença/proposição. No entanto, como uma função discursiva semântica, a relação funcional de uma Explicação consiste em adicionar informação posterior de um tipo específico, qual seja, sobre as causas ou razões de um fato previamente mencionado (e, portanto, conhecido). Esta definição aproximada é consistente com a relação funcional mais geral da semântica textual, qual seja, a Adição. Todavia a explicação permanece relativamente problemática como uma função semântica do discurso, porque, diferentemente da generalização ou do contraste, a definição aparentemente é dada apenas em termos de relações proposicionais intensionais.

Estas relações funcionais são funções discursivas típicas para sentenças independentes. Assim, não podem ser comumente reduzidas a relações interoracionais em períodos compostos. Não podemos dizer, por exemplo, *João está doente, e ele tem gripe*, ao passo que a frase *João não veio porque está doente* é uma Explicação discursiva somente se a informação "João não veio" é pressuposta (e repetida na frase atualizada), por exemplo, em virtude da informação precedente no discurso. Enquanto vínculos de coerência referencial são perfeitos dentro de um período composto como *João está doente e (portanto) ele não pode vir*, não podemos dizer: *João não pode vir e ele está doente*, se quisermos informar que sua doença é a razão de sua ausência.

Observe-se que essas relações funcionais não apenas se mantêm além dos limites da sentença, mas também além das fronteiras de turnos na conversação, por exemplo para explicar ou especificar informação precedente (por exemplo, para outros participantes da interação):

5.   a) João não pode vir.
       b) Ele está doente.

6.   a) João está doente.
       b) Ele tem gripe.

As relações semânticas funcionais no discurso não ocorrem apenas entre sequências simples, subsequentes, mas também entre uma proposição e um conjunto ou sequência de proposições. Desta maneira, uma proposição pode funcionar como conclusão/sumário, exemplo ou contradição de todo um trecho do discurso.

Similarmente, elas não necessitam ficar limitadas ao nível das relações de coerência local entre proposições expressas em sentenças subsequentes de um texto, mas podem caracterizar também relações entre macroproposições inferidas, "resumindo" um fragmento textual. Assim, às sentenças que seguem um sumário, por exemplo, a manchete ou o *lead* de uma notícia de jornal, pode-se atribuir individualmente ou em conjunto, a categoria funcional de *Especificação*. (van Dijk, 1988).

Em outras palavras, as relações funcionais não apenas caracterizam a microestrutura proposicional do texto, como também sua macroestrutura semântica global. Quando tais relações entre macroproposições se tornam convencionalizadas, nós as analisamos em termos de superestruturas, isto é, como esquemas textuais que definem a forma global de um gênero discursivo, tal como narrativas, noticiário, conversações, artigos científicos, que apresentam categorias funcionais bem conhecidas como Sumário, Introdução, Situação, Complicação, Discussão, Avaliação ou Conclusão (van Dijk, 1988).

Dependendo do quadro teórico, as funções semânticas podem ser analisadas de maneira "pragmática", se considerarmos tais relações não como relações semânticas entre proposições ou como categorias semânticas, mas como atos, isto é, algo que as pessoas *fazem:* Generalizar, Especificar, Explicar, Contradizer, Parafrasear ou Concluir (van Dijk, 1981). Entretanto, convém observar que tais atos não são os atos ilocucionários usuais, como asserções e promessas, cada um com suas condições de adequação próprias, mas no máximo "atos proposicionais". Portanto, eles pertencem a uma abordagem semântica, embora tal abordagem possa ser acoplada com uma abordagem pragmática ou interacional, isto é, como um "ato" (mental) que precisa ser realizado para efetivação de um ato ilocucionário.

Embora "atos" mentais não sejam atos, mas processos, não é surpreendente que categorias funcionais pareçam realmente ter caráter acional, porque justamente especificam a função de uma proposição ou ato de fala, e tais funções são muitas vezes intuitivamente descritas em termos de atos verbais:

7. "Não tenho tempo de ir a essa conferência", acrescentou (explicou, especificou) ela.

Aqui, uma asserção é categorizada pela sua função no texto, o que parece sugerir que um subgênero específico do ato de fala de asserção está sendo realizado. Este, porém, não é o caso numa análise pragmática adequada das funções dos atos de fala (para uma discussão detalhada e classificação desses atos metacomunicativos, ver Kreckel, 1981).

Pragmática Funcional

Verificamos que, exatamente do mesmo modo como sentenças ou proposições podem ser funcionalmente relacionadas, encontramos também relações funcionais entre atos de fala, em sequências de atos de fala. De fato, os atos de fala subsequentes podem também especificar, generalizar, corrigir, contradizer ou explicar atos de fala anteriores.

8. Você poderia me fazer um obséquio? Poderia, por favor, ajudar-me a trocar meu pneu?

9. Você pode me trazer um pouco de café? Não, traga-me um pouco de chá, por favor!

Enquanto eu tenho dúvidas sobre a natureza funcional da Explicação semântica, a Explicação pragmática é uma explicação funcional no sentido estrito: um ato de fala pode, de fato, ser projetado como uma explicação de outro anterior, como em:

10. Pode me dizer as horas, por favor? Esqueci meu relógio.

Tal explicação, portanto, pertence não às razões ou condições de um fato ao qual se refere a sentença ou ato de fala anteriormente realizado: o pedido feito é adequado se o falante não tiver outro modo óbvio de realizar o objetivo do pedido.

Contudo, às relações entre ações e, portanto, entre atos de fala pode ser atribuído um número adicional de categorias funcionais específicas. Assim, os falantes podem opor-se a atos de fala anteriores, usualmente questionando suas condições de adequação ou suas implicações ou implicaturas (pragmáticas):

11. a) Pode me dizer as horas, por favor?
    b) Mas você tem relógio!

12. a) Congratulações!
    b) Por quê?

Ainda mais do que no nível semântico, a análise funcional de sequências de atos de fala é enganosa. Isto é, não devemos confundir atos de fala com funções de atos de fala! A função pragmática de Questão (ou Questionamento) não é a mesma de fazer uma pergunta, mas sim uma categoria funcional que denota a classe de todos os atos de fala que podem ser usados para questionar um ato de fala prévio, incluindo não somente questões mas também asserções ou acusações. Por vezes, como em (12), o ato de fala de questão pode ter também uma função de pergunta relativamente a um ato de fala prévio. Este não é o caso, porém, no exemplo seguinte, em que uma questão subsequente, embora relacionando-se ao ato de fala prévio, não questiona a sua adequação enquanto tal:

13. a) O dinheiro acabou.
     b) Você está me culpando?

Nesse caso, a função do ato da fala de *b* é indagar sobre a implicação pragmática do ato de fala prévio, qual seja, se a asserção pretendeu ser uma acusação indireta. Tal função pode ser denominada *Certificação*. Os falantes podem ter também uma maneira própria de garantir a compreensão correta do ato de fala prévio:

14. Você ganhará um computador novo. É uma promessa.

O segundo ato de fala pode, neste caso, funcionar como uma *Qualificação* do anterior. O interessante é que ambos os atos *juntos* funcionam como um (macro)ato, qual seja, uma promessa. Embora o segundo ato possa ser em si mesmo considerado intuitivamente também como uma promessa, há razões formais para não analisá-lo como tal: diferentemente dos atos de promessa, ele não se refere a uma ação futura do falante, e o uso de "*isto é*" o exclui do rol dos atos de fala suirreferenciais (performativos).

Também no nível pragmático, as relações funcionais podem ocorrer entre atos de fala e entre sequências de atos ou macroatos; um ato de fala pode questionar, denunciar ou corrigir toda uma sequência de atos prévios, que funcionam juntos, por exemplo, como uma acusação ou ameaça.

Funções Retóricas

Muitos autores têm tratado das relações funcionais no discurso em termos de estruturas "retóricas" (Grimes, 1975; Meyer, 1975; Mann & Thompson, 1988). Considero enganoso esse uso de "retórico" e prefiro reservá-lo para as estruturas particulares especificadas por uma teoria retórica (parcial), tais como as tradicionais "figuras" em vários níveis de descrição linguística, por exemplo, aliteração, ritmo, paralelismo, metáfora ou ironia.

Contudo, algumas funções semânticas e pragmáticas parecem também exigir uma análise retórica no sentido estrito. Por exemplo, *Contraste* pode ser definido em termos semânticos, mas também *deve* ter uma função retórica se usado para aumentar a eficácia do discurso. Similarmente, exageros ou atenuações devem também ter função tanto semântica quanto retórica, como no caso da sequência seguinte, em que a segunda sentença exprime uma alegação mais fraca que a primeira, uma atenuação que tem também uma função retórica num contexto persuasivo (veja adiante):

15. Ele é um racista empedernido. Pelo menos, ele não gosta de ter um chefe negro.

Uma das diferenças cruciais é que as funções semânticas requerem necessariamente uma definição em termos de relações proposicionais como no exemplo (15). Numa análise retórica, entretanto, este não é o caso. Exageros, atenuações ou litotes são definidos com respeito ao que é realmente significado ou esperado numa situação específica, sugerindo, desta maneira, uma forma de substituição, que é uma das maiores metaoperações das "figuras" retóricas. Portanto, em operações retóricas não precisamos ter necessariamente uma relação entre proposições efetivamente expressas, mas entre uma proposição e outra proposição potencial (esperada, pretendida). Obviamente, contudo, a atenuação semântica pode ter também funções retóricas. Ambas podem desempenhar papel interacional fundamental na preservação das faces ou estratégias de autorrepresentação, como é também o caso para lances semânticos bem conhecidos como *Recusas* aparentes ou *Concessões* aparentes, por exemplo, tipicamente na conversação racista (van Dijk, 1984, 1987a).

16. Não tenho nada contra negros, mas não os quero como chefe.

17. Existem também negros talentosos, mas mesmo assim não os quero como chefe.

Esses exemplos são também interessantes porque revelam outros aspectos de funcionalidade no discurso. As sentenças (16) e (17) não têm uma função semântica como tal isoladamente, nem são atos de Recusa e Concessão (não mais que Explicações ou Generalizações). Elas podem, antes, ter um papel funcional como um lance dentro de uma estratégia global, por exemplo, numa estratégia que combine representações negativas de minorias com autorrepresentações positivas como cidadão tolerante. Semanticamente falando, as relações entre as orações são meramente um exemplo de contraste, como é também veiculado pelo *mas* típico no início da segunda oração. Em alguns casos, diversas funções operam ao mesmo tempo, como ocorre no exemplo seguinte, tirado de uma entrevista racista, em que encontramos um contraste simultaneamente semântico, retórico e estratégico:

18. Nós temos de trabalhar para ganhar nosso dinheiro. Eles simplesmente recebem dinheiro do serviço social!

Vemos que na análise de discursos reais, vários níveis e dimensões de descrição podem exibir funções semelhantes. No entanto, é importante, por razões teóricas, tentar estabelecer distinções cuidadosas entre estas diferentes funções. Assim como uma função semântica de Contraste pode ser usada como uma figura retórica, tal figura pode, por sua vez, funcionar como um lance no interior de uma estratégia global de autorrepresentação. É uma das tarefas da pesquisa futura sobre relações funcionais no discurso tornar mais explícitos esses diferentes tipos de funções, para cada nível de análise do discurso.

FUNÇÕES COGNITIVAS

Uma análise funcional do discurso mais ampla examina também as funções que os textos e suas estruturas têm em relação a seus "contextos". Já que os significados e, portanto, as funções semânticas têm uma base cognitiva, necessitamos também verificar quais funções cognitivas podem estar envolvidas no discurso. Também as análises clássicas de relações tópico-comentário muitas vezes (intuitivamente) operam com noções cognitivas, como informação ou conhecimento velho e novo. Similarmente, definições de noções como pressuposição e implicação também têm, ao mesmo tempo, uma análise semântica mais abstrata e uma de cunho mais cognitivo.

Em tal análise cognitiva, devemos, ainda que trivialmente, "traduzir" a análise semântica apresentada acima de funções como Generalização, Especificação, ou Contraste, em termos mais cognitivistas, ou seja, identificar proposições não como objetos abstratos, mas como unidades de representações de um texto na memória (van Dijk & Kintsch, 1983). Neste caso, *Generalização* poderia ser definida como uma operação cognitiva sobre estruturas de conhecimento, enquanto *Contraste*, que é apenas implicitamente "expresso" como uma relação numa estrutura semântica do texto, pode até ser explicitamente representado como tal na memória, por exemplo, como um contraste realmente pretendido, entre duas proposições, isto é, como uma proposição de pleno direito (que toma duas outras proposições como argumentos).

A Base Cognitiva de Categorias
de uma Gramática Funcional Semântica

Em vez de continuar explorando esses vínculos, bastante óbvios, entre semântica abstrata e propriedades cognitivas de sentido mais ou menos empíricas, é mais interessante para a discussão deste artigo examinar mais de perto outras propriedades funcionais de uma abordagem cognitiva do discurso. Um vínculo interessante entre um estudo cognitivo do processamento discursivo e um estudo funcional da língua não se limita à análise do discurso, mas pertence também especificamente aos fundamentos tanto da Gramática Funcional como das teorias funcionais do discurso.

Assim, GF e outras gramáticas funcionais englobam uma (variante de) análise de "casos" clássica (Fillmore, 1968), e distinguem diversas categorias de papéis semânticos como Agente, Paciente, Experienciador, Objeto, etc. (Dik, 1978, 1980, 1989; Givón, 1979). Estritamente falando, tal análise de caso/papel não pode ser adequadamente fundada sobre uma análise abstrata do significado, porque um Agente não é um "agente" de uma proposição, mas de uma ação denotada pela proposição; o mesmo é verdadeiro relativamente a outros papéis semânticos.

Entretanto, em linguística e teoria cognitiva, não devemos lidar com referentes "reais" do mundo, isto é, com ações ou eventos, mas com suas contrapartes cognitivas, ou seja, como ações ou episódios são representados pelos usuários da língua. Assim, as maneiras como eventos, palavras, sentenças e discursos inteiros não são interpretados relativamente ao mundo, mas ao modo como sabemos ou acreditamos ser o mundo. É esta filosofia mentalista que subjaz também às teorias correntes de produção e compreensão do discurso (van Dijk & Kintsch, 1983).

No interior deste quadro, pois, assume-se que referentes (relevantes) de sentenças e textos devem ser representados como estruturas de conhecimento na memória episódica, isto é, como *modelos* (Johnson-Laird, 1983; van Dijk & Kintsch, 1983; van Dijk, 1987b). As estruturas desses modelos não são arbitrárias. Pelo contrário, entendemos que têm uma natureza esquemática, estrategicamente utilizável, e consistem de categorias hierarquicamente ordenadas que são sempre usadas para "analisar" episódios do mundo real, tarefa que realizamos milhares de vezes ao dia e que, portanto, é altamente automatizada.

Há inúmeras razões para assumir que tais categorias em esquemas-modelo também envolvem categorias funcionais como Tempo, Locação, Circunstância, Agente, Paciente, Evento/Ação, etc. Tais categorias não só aparecem nas funções de papéis semânticos das gramáticas de frase funcionais, mas também nas categorias de narrativas e, na verdade, em qualquer "descrição" verbal de episódio do mundo tal como representado no modelo. Portanto, as conhecidas funções semânticas que organizam o significado de sentenças são derivadas de, e de fato explicadas por, categorias funcionais subjacentes de modelos episódicos.

Destes modelos cognitivos, que também representam outro tipo de conhecimento (que não necessita ser expresso no texto e deve, portanto, ser pressuposto) devem-se selecionar as proposições para a comunicação e expressão. Assim, uma representação cognitiva de significados de todo o texto e de suas sentenças pode ser construída estrategicamente, e ser formulada estrategicamente (*on-line*) em estruturas lexicais, sintáticas e fonológicas. Obviamente, como é notório em gramáticas funcionais e tipológicas, maneiras culturalmente diferentes de interpretar (os episódios de) o mundo pressupõem diferentes esquemas-modelo, e portanto diferentes modos de organizar a estrutura semântica de sentenças e, assim, uma diferente sintaxe (veja, por exemplo, Pawnley, 1987).

Estruturas de Modelos
e Relações Funcionais no Discurso

A próxima questão que colocamos é se também as relações funcionais entre proposições do texto têm uma base cognitiva. A resposta trivial a essa questão é que esse é realmente o caso para a representação semântica do texto na memória episódica. É esta representação que monitora estrategicamente a produção atual do texto, tanto no macronível global dos tópicos do texto, como no micronível das sequências de proposições atualizadas.

Menos trivial e muito mais complicada é a questão de como essa representação do texto se relaciona a seus modelos "subjacentes". Se um modelo é uma representação cognitiva de um episódio, deve-se assumir que tenha pelo menos algumas estruturas análogas àquelas "do mundo" (Johnson-Laird, 1983). Isto significa, por exemplo, que a ordenação espacial, temporal ou causal de situações ou episódios é mapeada em formas de organizações similares, mas naturalmente codificadas mentalmente no modelo. Entretanto, o discurso é linear e, portanto, requer seu próprio mapeamento destas estruturas do modelo possivelmente "análogas". Assim, falamos de uma ordem natural (ou icônica) quando há um mapeamento direto, linear entre os eventos representados no modelo e aqueles representados e expressos pelo texto, por exemplo, eventos primeiros (causadores) precedem eventos posteriores (causados), como é o caso em narrativas cronológicas (Chafe, 1980, 1987; veja também Dik, 1989; Givón, 1989).

Contudo, por razões pragmáticas, comunicativas ou interacionais, o discurso pode apresentar várias espécies de transformação das estruturas de modelos. Assim, como vimos em vários dos exemplos dados acima, pode ser relevante apresentar antes no texto eventos posteriores, por exemplo, em *Explicações*. O conhecimento que nos revela as discrepâncias entre a ordenação do texto e a do modelo, como no caso de *Explicações*, é derivado do modelo.

A par da ordenação linear, os modelos também apresentam ordenações hierárquicas. A informação em níveis mais baixos de representação pode, pois, estar subsumida em níveis mais altos, mais abstratos. Por exemplo, nosso modelo de assalto bancário, obtido pela observação real ou através de uma notícia de jornal, pode não somente apresentar proposições locais como "O ladrão disse: Isto

196

é um assalto", como também proposições de nível mais alto que definem episódios mais amplos de ação ou o evento como um todo, por exemplo, "Os ladrões levaram um milhão de dólares", ou, simplesmente, "Houve um assalto num banco".

Estas macroproposições do modelo, quando relevantes para os propósitos comunicativos do falante/escritor, podem também ser de expressão obrigatória no texto. Isso significa que precisam ser mapeadas em estruturas lineares de sentido subsequentes. Assim, a relação de *Especificação* expressa a relação hierárquica no modelo entre o nível mais alto e o mais baixo de informação, como em "João está doente. Ele tem gripe". Portanto, uma estratégia de realização do modelo consiste em mapear relações *top-down* no modelo em relações esquerda/direita no discurso.

Aparentemente, há estratégias discursivas gerais para a linearização de informações representadas cognitivamente, por exemplo em descrições espaciais e narrativas (Jarcela & Klein, 1982; Levelt, 1982). Assim, objetos ou eventos anteriores, mais amplos, mais próximos, mais proeminentes ou mais importantes são usualmente apresentados em primeiro lugar, como é o caso tipicamente nas notícias de jornal. Há, porém, interessantes variações e exceções a essa estratégia. Enquanto em narrativas naturais a ordenação cronológica pode ser dominante, notícias de jornal apresentam, primordialmente, ordenação *top-down*, por relevância: em princípio, a informação mais importante vem em primeiro lugar (van Dijk, 1988).

No nível local de organização textual, isso significa que haverá primariamente relações de *Especificação*. No discurso científico, as relações lógicas podem ser mapeadas de tal modo que as inferências tendam a vir mais tarde no texto, como ocorre caracteristicamente com a relação semântica funcional de *Conclusão*, ou na categoria superestrutural de *Conclusão* de um esquema argumentativo. Quando estas estratégias de linearização são violadas, assumimos que a ordem é "marcada" e requer interpretação especial. Assim, frequentemente, conclusões proeminentes aparecem primeiro, como também *Consequências* na ordenação linear podem vir expressas em primeiro lugar.

Verificamos que as propriedades fundamentais da coerência textual são "codificações" textuais das maneiras como as pessoas organizam seus modelos mentais sobre episódios: as relações temporais, causais, espaciais, conceituais ou lógicas no modelo têm todas seu mapeamento próprio entre modelo e representação semântica e, portanto, entre o modelo e a realização dessa representação em sentenças subsequentes do texto (veja também a contribuição em Tomlin, 1987a; por exemplo, Chafe, 1987; Dixon, 1987; Givón, 1987; Tomlin, 1987b). A estratégia de linearização mais importante em nossa cultura parece ser a de que objetos, pessoas, eventos ou informação velhos, primeiros, próximos, recentes, à esquerda, causadores, dados, proeminentes, importantes, grandes precedem os novos, posteriores, passados, distantes, à direita, insignificantes, circunstanciados, pequenos ou decorrentes.

Tais relações subjazem também à conhecida mas enganosa noção de informação de primeiro e segundo plano – *foreground x background* (Givón, 1987).

Entretanto, como existe uma só dimensão ordenadora no discurso (em adição à entonação especial e variação na expressão gráfica), tais mapeamentos podem conflitar. Eventos anteriores podem ser menos importantes, e vai depender do gênero de discurso se a realização do modelo episódico subjacente, no caso, será primariamente cronológica, como em histórias naturais (embora elas sejam usualmente precedidas também por um resumo global que fornece, pelo menos, a informação importante, e portanto o centro de interesse da história), ou se a informação mais relevante será dada primeiro, como no caso das notícias de jornal. Por outro lado, a conclusão importante de um argumento pode ser, muitas vezes, mencionada na última posição. Similarmente, no interior da estrutura sentencial de muitas línguas, "dado", "velho" ou outra informação tópica muitas vezes precede a informação nova, focalizada e, portanto, mais relevante.

De modo mais geral, pois, alguns dos princípios de ordenação de modelos subjacentes, por exemplo, importância, proeminência ou recência, podem ser variavelmente mapeados ora como informação primeira, ora como última em estruturas sentenciais e discursivas. Um dos fatores importantes que também condiciona esta variação não é a estrutura de modelos de situações que constituem o assunto do discurso, mas as estruturas do modelo da própria situação comunicativa presente, o assim chamado *modelo de contexto* (van Dijk & Kintsch, 1983). Assim, o mapeamento discursivo da informação do modelo de situação é também uma função das condições pragmáticas e interacionais do discurso, tais como as metas, interesses ou o conhecimento mútuo dos participantes e a relevância comunicativa de elementos específicos de informação ou (inter)ação discursiva. Por exemplo, fatos ou objetos podem ser importantes, dados, próximos ou recentes no modelo de situação, mas ainda assim ocupar uma posição posterior no discurso por razões táticas, como as de preservação da face, autorrepresentação positiva ou persuasão. Mesmo razões estéticas podem estar envolvidas, como a convenção de só revelar a identidade do assassino em histórias de crime tradicionais, no final. Note-se que os modelos de contexto são também cruciais para a descrição e explanação da informação metalinguística, metadiscursiva ou metacomunicativa no discurso.

Embora os modelos de situação e modelos de contexto comunicativo sejam a base do discurso, nem toda a informação no discurso deriva de modelos. Realmente, a função semântica de uma *Generalização* pode apresentar informação não específica de um episódio individual, mas que deriva de um conhecimento mais geral, por exemplo, tal como representado em *scripts* (Schank & Abelson, 1977), ou outras cognições sociais, tais como conhecimentos partilhados, social ou culturalmente, e crenças, incluindo atitudes, normas e valores, representados na memória semântica (ou social). Histórias podem, portanto, apresentar generalizações sobre pessoas, ações ou eventos. Assim, na fala racista, estereótipos ou preconceitos podem ser expressos com o intuito de explicar por que protagonistas específicos, tais como membros de grupos étnicos minoritários, agem de uma determinada maneira (van Dijk, 1987a).·

Do mesmo modo, o discurso científico e a argumentação em geral podem apresentar normas gerais, regras ou generalizações normativas, quer como conclusões, quer como parte de suas premissas (van Eemeren, Grootendorst & Kruiger, 1984). Dependendo do gênero de discurso, estas podem novamente ser mapeadas linearmente, fazendo que tais formas gerais de informação precedam ou sigam a informação mais específica, instanciada do modelo.

Destas observações podemos concluir, de modo geral, que a ordenação global e local do discurso, as relações funcionais entre proposições ou sentenças, bem como as categorias esquemáticas de gêneros textuais refletem as estratégias cognitivas subjacentes aplicadas no mapeamento de informação a partir dos modelos episódicos e de cognições sociais gerais, na representação semântica do texto na memória. Contudo, até agora, ainda temos pouco *insight* quanto aos pormenores da representação cognitiva e às estratégias mentais envolvidas nessas operações de mapeamento. Não sabemos, também, como os diferentes princípios de mapeamento interagem, contra-atuam ou se combinam na linearização de informação cognitiva em representações semânticas e "estruturas superficiais" de texto e conversação.

FUNÇÕES SOCIAIS E CULTURAIS

Tendo explorado algumas das implicações cognitivas, e na verdade explicações das categorias funcionais em sentenças e estrutural discursivas, volto finalmente ao contexto social e cultural, da organização tanto textual como cognitiva e das estratégias do discurso. Neste nível de análise, trata-se antes de mais nada do discurso como uma forma de interação, ou seja, como um evento comunicativo, que é, por sua vez, encaixado em estruturas sociais, políticas ou culturais mais abrangentes.

Cabe mencionar ainda alguns aspectos funcionais do discurso que são definidos em termos de estruturas de interação. Por exemplo, os lances (*moves*) de uma estratégia discursiva são definidos em termos de objetivos do falante, e, portanto, em termos de propriedades da interação. Isto é, um lance é um componente de ação funcional que contribui para a realização do objetivo desta ação (veja também Kreckel, 1981). Assim, comprar um bilhete e tomar assento são lances funcionais na ação (determinada por um *script*) de ir ao cinema ou tomar o trem, enquanto ler um livro no trem não é um elemento funcional da ação de tomar o trem, simplesmente porque, mesmo sem fazê-lo, realizamos o objetivo da ação. Entretanto, pode ser um lance funcional na estratégia de tornar uma viagem agradável. Similarmente, vimos que recusas aparentes são funções discursivas típicas na estratégia global de autorrepresentação positiva, por exemplo, nas conversas preconceituosas.

Assim, as pessoas fazem uma porção de coisas "com palavras" e frequentemente fazem-nas simultaneamente, isto é, fazendo também outras coisas. Esse paralelismo entre discurso e interação também se dá com relação às relações funcionais ou categorias de cada nível de análise. Isso vale para a entonação, sintaxe, semântica,

200

retórica, estilo, superestruturas e atos ilocucionários, para os (outros) atos interacionais e sociais assim realizados, bem como para as cognições a eles subjacentes. Assim, uma negação seguida por uma proposição contrastiva que funciona como recusa não contribui apenas estrategicamente para o objetivo interacional de evitar má impressão (Arkin, 1981; Brown & Levinson, 1987), gerenciando desta forma o modelo que o ouvinte está fazendo do falante. Tal recusa funciona também socioculturalmente: recusando ter qualquer coisa contra os "estrangeiros", os falantes também enfatizam que conhecem as normas oficiais de tolerância de seu grupo ou cultura, asseverando ao mesmo tempo sua pertença ao grupo e confirmando laços intergrupais ao apresentar os outros numa perspectiva negativa.

Teoricamente, entretanto, necessitamos distinguir neste caso entre o que pode ser chamado funcionalidade *vertical* e *horizontal*. Uma proposição que funciona como recusa pragmática, e uma recusa pragmática funcionando como um ato sociocultural de coesividade grupal ou etnocentrismo exibem funções verticais entre diferentes níveis de análise. Esse tipo de funcionalidade ocorre quando nos referimos às "funções" cognitivas, pragmáticas ou sociais da linguagem. Tais funções podem ser descritas como operações de mapeamento internível, por exemplo, quando estratégias de polidez são responsáveis pela seleção de formas "polidas" da língua, ou quando situações formais requerem um estilo "formal" de linguagem.

As funções gramaticais, discursivas e interacionais, todavia, são horizontais ou lineares, e ocorrem entre unidades do mesmo nível, por exemplo, entre proposições, entre atos subsequentes, entre proposições e o texto como um todo, ou entre atos parciais e a ação global como um todo. Ao lado das relações de ordenação usuais de precedência e consequência, encontramos aqui as relações funcionais de *Generalização/Especificação*, mapeando a conceitualização hierárquica de modelos em estruturas lineares de discurso, mas também as relações de identidade/diferença (como é o caso em funções de *Repetição*), de todo/parte, conjunto/elementos, velho/novo, dado/derivado, causa/consequência, introdução/conclusão, começo/fim, etc. A maioria dessas relações funcionais ocorre tanto em sequências de proposições como de ações, e portanto organiza também as estruturas temporais, espaciais, informacionais, conceituais ou lógicas de situações ou episódios.

E do mesmo modo como as proposições, no micronível de análise, podem ter funções com relação ao texto como um todo no macronível, as situações e suas estruturas no micronível podem ter funções com relação ao texto como um todo no macronível da estrutura social e cultural. Assim, o lance estratégico de uma representação negativa dos membros de grupos alienígenas no discurso é um elemento funcional do ato mais complexo de reprodução do preconceito étnico, bem como da estratégia sociocultural e política de exclusão e marginalização do grupo de fora, caracterizando a dominância do grupo branco.

Não é preciso enfatizar que tais estratégias socioculturais mais amplas não necessitam ser intencionadas como tais. De fato, como os falantes do grupo branco enfaticamente repetem, suas observações negativas ou mesmo narrativas totalmente enviesadas sobre estrangeiros são precisamente não pretendidas como um elemento de um modelo ou como um passo em uma estratégia, mas como um incidente local, como uma exceção bem motivada, mesmo que o interlocutor faça a inferência local indesejada. Ele é um racista. No entanto, enquanto para o antirracista tais recusas aparentes podem funcionar como um sinal discursivo que sugere que é justamente essa a inferência que deve ser a correta, para aqueles que partilham a atitude negativa com relação ao grupo alienígena, ela pode funcionar como uma garantia social de boa cidadania, por exemplo, de que é possível respeitar as normas oficiais de tolerância e assim mesmo não apreciar "esses estrangeiros". Em outras palavras, recusas e lances discursivos e interacionais similares funcionam tanto como a resolução de uma inconsistência cognitiva quanto como a resolução de uma exigência social.

Vemos, pois, que as funções semânticas, pragmáticas ou retóricas estão relacionadas de várias maneiras com funções interacionais e socioculturais. Contudo, tais relações não são diretas. Elas requerem sempre uma interface sociocognitiva, isto é, modelos episódicos de eventos socioculturais específicos e conhecimentos ou atitudes gerais partilhados sobre as estruturas sociais, que podem ser mapeados em, ou restringir as, representações cognitivas subjacentes a um discurso específico. A funcionalidade do discurso e seus elementos em vários níveis de descrição deriva dessas estratégias cognitivas. Ela mostra como as diversas relações espaciais, temporais, lógicas ou conceituais dos modelos são traduzidas em relações entre proposições ou atos de fala linearmente expressos pelas sentenças de um texto ou diálogo.

Os princípios de funcionalidade revelam também como tanto o discurso quanto tais cognições estão por sua vez encaixados na interação estratégica, e no interior de uma estrutura mais ampla de reprodução sociocultural, encaixamento esse que, de novo, é cognitivamente representado, por exemplo, em termos de relações entre modelos particulares e conhecimento, atitudes e ideologias gerais das cognições sociais partilhadas pelo grupo. De fato, ouvir, recordar ou recontar seletivamente uma história sobre "esses turcos que moram ali em baixo" instancia estrategicamente e, portanto, funcionalmente, num modelo expresso através de uma narrativa, uma atitude e ideologia mais gerais sobre, "estrangeiros", uma cognição social que funciona, ela mesma, na reprodução do poder do grupo branco. Portanto, a funcionalidade no uso da linguagem e no discurso não mostra apenas como as frases ou textos são organizados, e não apenas como estão relacionados com cognição, interação e estrutura social. Ela revela também que o discurso não é jamais independente de contexto, e portanto jamais é inocente.

REFERÊNCIAS BIBLIOGRÁFICAS

ARKIN, R. M. "Self-presentation styles". *In:* J. T. Tedeschi (ed.). *Impression management: Theory and social psychological research.* Nova York: Academic Press, 1981.

BOLKESTEIN, A. M., DE GROOT, C., & MACKENZIE, J. L. (eds.). *Syntax and pragmatics in functional grammar.* Dordrecht: Foris, 1985.

BROWN, P., & LEVINSON, S. C. *Politeness: Some universals in language usage.* Cambridge: Cambridge University Press, 1987.

CHAFE, W. L. (ed.). *The pear stories.* Hillsdale, NJ: Erlbaum, 1980.

CHAFE, W. L. Cognitive constraints on information flow. *In:* R. Tomlin (ed.). *Coherence and grounding in discourse* 21-52. Amsterdã: Benjamins, 1980.

DANES, F. (ed.) *Papers on Functional Sentence Perspective.* Haia: Mouton, 1974.

DIK, S. C. *Functional grammar.* Amsterdam: North Holland, 1978.

DIK, S. C. *Studies in functional grammar.* Londres: Academic Press, 1980.

DIK, S. C. (ed.) *Advances in functional grammar.* Dordrecht: Foris, 1983.

DIK, S. C. *The theory of functional grammar, Part I: The structure of the clause*. Dordrecht: Foris, 1989.

DIXON, P. Actions and procedural directions. *In:* R. S. Tomlin (ed.) *Coherence and grounding in discourse*, 69-89. Amsterdam: Benjamins, 1987.

FILLMORE, C. J. The case for case. *In:* E. Bach & R. T. Harms (eds.) *Universals in linguistic theory*, 1-88. Nova York: Holt, Rinehart & Winston, 1968.

GIVÓN, T. *On understanding grammar*. Nova York: Academic Press, 1979.

GIVÓN, T. (ed.). *Topic continuity in discourse: Quantitative cross-language studies*. Amsterdam: Benjamins, 1983.

GIVÓN, T. Beyond foreground and background. *In:* R. S. Tomlin (ed.) *Coherence and grounding in discourse*, 175-188. Amsterdam: Benjamins, 1987.

GIVÓN, T. *Mind, code and context: Essays in pragmatics*, Hillsdale, NJ, Erlbaum, 1989a.

GIVÓN, T. *The grammar of referential coherence as mental processing instructures*. Eugene, OR: University of Oregon, Linguistics Department, Unpublished paper, 1989b.

GRIMES, J. E. *The thread of discourse*. Haia: Mouton, 1975.

HAIMAN, J. & THOMPSON, S. A. (eds.). *Clause combining in grammar and discourse*. Amsterdam: Benjamins, 1988.

HALLIDAY, M. A. K. *An introduction to functional grammar*. Londres: Edward Arnold, 1985.

JARVELLA, R. J. & KLEIN, W. (eds.) *Speech, place and action*. Chichester: Wiley, 1982.

JOHNSON-LAIRD P. N. *Mental models*. Cambridge, Cambridge University Press, 1983.

KRECKEL, M. *Communicative acts and shared knowledge in natural discourse*. Londres, Academic Press, 1981.

LEVELT, W. J. M. Linearization in describing spatial networks. *In:* S. Peters, & E. Saarinen (eds.). *Processes, beliefs and questions*. Dordrecht: Reidel, 1982.

LONGACRE, R. (ed.) *Discourse grammar*. 3 vols. Dallas, TX: Summer Institute of Linguistics, 1977.

MANN, W. C. & THOMPSON, S. A. *Rhetorical Structure Theory: Towards a functional theory of text organization*, Text 8, 1988.

MANN, W. C. Matthiessen, C. M. I. M., THOMPSON, S. A. *Rhetorical Structure Theory and text analysis*. Los Angeles: University of Southern California, Information Sciences Institute. Research Report, 1989.

MEYER, B. J. F. *The organization of prose and its effects on memory.* Amsterdam: North Holland, 1975.

PAWLEY, A. Encoding events in Kalam and English: Different logics for reporting experience. *In:* R. Tomlin (ed.). *Coherence and grounding in discourse.* Amsterdã: Benjamins, 1987.

PIKE, K. L. *Language in relation to a unified theory of human behavior.* Haia: Mouton, 1967.

SCHANK, R. C., & ABELSON, R. P. *Scripts, plans, goals and understanding.* Hillsdale, NJ: Erlbaum, 1977.

STEINER, E. H., & VELTMAN, R. (eds.). *Pragmatics, discourse and text. Some systemically inspired approaches.* Londres: Pinter, 1988.

TOMLIN, R. S. (ed.). *Coherence and grounding in discourse.* Amsterdam: Benjamins, 1987a.

TOMLIN, R. S. Linguistic relections of cognitive events. *In:* R. S. Tomlin (ed.). *Coherence and grounding in discourse.* Amsterdã: Benjamins, 1987b.

VAN DIJK, T. A. *Text and context.* Londres: Longman, 1977.

VAN DIJK, T. A. *Macrostructures.* Hillsdale, NJ: Erlbaum, 1980.

VAN DIJK, T. A. *Studies in the pragmatics of discourse.* Haia/Berlim: Mouton, 1981.

VAN DIJK, T. A. *Prejudice in discourse.* Amsterdam: Benjamins, 1984.

VAN DIJK, T. A. *Communicating Racism. Ethnic Prejudice in Thought and Talk.* Newbury Park, CA: Sage, 1987a.

VAN DIJK, T. A. Episodic models in discourse processing. 1983. *In:* R. Horowitz, & S. J. Samuels (eds.) *Comprehending oral and written language.* NovaYork: Academic Press, 1987b.

VAN DIJK, T. A. *News as Discourse.* Hillsdale, NJ: Erlbaum, 1988.

VAN DIJK, T. A. & KINTSCH, W. *Strategies of discourse comprehension.* Nova York: Academic Press, 1983.

O AUTOR NO CONTEXTO

Teun A. van Dijk é professor da Universidade de Amsterdã, onde fundou a Seção de Estudos sobre Discurso.

Graduou-se em língua e literatura francesa na Universidade Livre de Amsterdã (VU) e em teoria literária na Universidade de Amsterdã (UvA), onde doutorou-se em linguística. Estudou também em Estrasburgo, Paris e Berkeley. Sua pesquisa inicial esteve voltada para o estudo linguístico da literatura, mas passou logo em seguida a dedicar-se ao desenvolvimento de "gramáticas do texto" e da pragmática discursiva. Seguiu-se, depois, a pesquisa sobre o processamento cognitivo do discurso (parcialmente em conjunto com W. Kintsch).

Na década de 80, seu trabalho focalizou dois domínios principais: o estudo das estruturas, produção e compreensão do discurso do noticiário jornalístico; e a análise da expressão de preconceitos étnicos em vários tipos de discurso (livros didáticos, noticiário, conversação), com especial ênfase nas relações entre estruturas do discurso, cognições sociais (preconceituosas) sobre grupos étnicos minoritários e povos do Terceiro Mundo e as formas como o racismo se reproduz nas sociedades (ocidentais).

Esse trabalho vem sendo ampliado em direção a um estudo mais geral do papel do poder e da ideologia no discurso e da reprodução de convicções sociopolíticas na sociedade.

Suas pesquisas estão publicadas em cerca de 30 monografias e livros editados e aproximadamente 150 artigos em coletâneas e em revistas especializadas. Há traduções de suas obras para um grande número de línguas, entre as quais, o francês, o alemão, o italiano, o espanhol e o russo.

Teun A. van Dijk é fundador dos periódicos *Poetics* TTT (uma revista holandesa sobre linguística) e *Text* (revista interdisciplinar de estudos sobre o discurso), da qual é até hoje o editor. Fundou, mais recentemente, um novo periódico internacional e multidisciplinar – *Discourse and Society* –, cujo primeiro número veio à luz em 1990.

Van Dijk é internacionalmente reconhecido como um dos mais profícuos pesquisadores na área do discurso e como um dos pioneiros nas áreas de linguística ou ciência do texto, pragmática discursiva e psicologia da cognição voltada para questões de processamento do discurso. O trabalho interdisciplinar e crítico que vem desenvolvendo atualmente sobre temas como preconceito, racismo, ideologia, poder, manipulação social (através da imprensa, por exemplo) interessa não só a linguistas e analistas do discurso, mas a todos aqueles sociólogos, antropólogos, psicólogos, juristas, jornalistas, publicitários, professores, etc. – que atuam no campo das ciências humanas.

Entre suas principais obras em inglês podem citar-se:

– *Some Aspects of Text Grammars* (Haia: Mouton, 1972).

– *Text and Context* (Londres: Longman, 1977).

– *Macrostructures* (Hillsdale, N. J.: Erlbaum, 1980).

– *Studies in the Pragmatics of Discourse* (Haia: Mouton, 1981).

– *Strategies of Discourse Comprehension* (em coautoria com W. Kintsch). Nova York: Academic Press, 1983.

– *Prejudice in Discourse* (Amsterdã: Benjamins, 1984).

– (Ed.) *Discourse and Communication* (Berlim: de Gruyter, 1985).

– (Ed.) *Handbook of Discourse Analysis* (4 vols., Londres: Academic Press, 1985).

– *Communicating Racism* (Newbury Park, CA: Sage, 1987).

– *News as Discourse* (Hillsdale, N. J.: Erlbawn, 1988).

– (Ed. com G. Smitherman). *Discourse and Discrimination* (Detroit: Wayne State U. P., 1988).

– *Racism and the Press* (Londres: Routledge, 1990).